HEYNE ‹

Die Autorin

Lumira ist dank ihrer natürlichen Begabung schon in früher Kindheit mit den volksmagischen Praktiken ihrer Heimat Kasachstan bekannt geworden. In Deutschland eignete sie sich moderne esoterische Techniken an wie Reiki, Meditation, Reinkarnationstherapie und Kinesiologie. Letzendlich kam sie wieder zu ihrem russischen Ursprung zurück, weil sie sah, dass ihre besondere Fähigkeit in diesem noch verborgenen Wissen liegt.

LUMIRA

Lass dich nicht behexen

Die besten Abwehrtechniken
gegen negative Kräfte

WILHELM HEYNE VERLAG
MÜNCHEN

Das vorliegende Buch ist sorgfältig erarbeitet worden.
Dennoch erfolgen alle Angaben ohne Gewähr.
Weder Autor noch Verlag können für eventuelle Nachteile oder Schäden,
die aus den im Buch gemachten praktischen Hinweisen resultieren, eine
Haftung übernehmen.

Verlagsgruppe Random House FSC-DEU-0100
Das für dieses Buch verwendete
FSC®-zertifizierte Papier *München Super*
liefert Arctic Paper Mochenwangen GmbH.

3. Auflage
Taschenbucherstausgabe 01/2010

Copyright © 2006 by Ansata Verlag, München,
in der Verlagsgruppe Random House GmbH
Printed in Germany 2012
Redaktion: Anja Schmidt
Umschlaggestaltung: Guter Punkt, München
unter Verwendung eines Motivs von © Kudryashka / Shutterstock
Herstellung: Helga Schörnig
Satz: C. Schaber Datentechnik, Wels
Druck und Bindung: GGP Media GmbH, Pößneck

ISBN 978-3-453-70135-9

http://www.heyne.de

Inhalt

Vorwort

Denn er befiehlt seinen Engeln,
dich zu behüten auf all deinen Wegen.

Psalm 91, 11

Dieses Buch ist mithilfe der Engel entstanden. Die Engel haben mich dazu inspiriert, sie begleiteten mich die ganze Zeit beim Schreiben, und ich spürte ihre Gegenwart sehr deutlich.

Eines Tages hatte ich den starken Drang, in die Stadt zu fahren, um in einen Esoterikladen zu gehen. Denn ich wollte eine bestimmte »Lichtwesen«-Essenz kaufen, deren Thema mich ansprach. Diese Essenzen sind mit Energien von Engeln und aufgestiegenen Meistern aufgeladen, und ich hatte gelesen, dass, wenn man so eine Essenz in die Aura sprüht, sich die Aurastruktur positiv verändert. Die Ladenbesitzerin kam mir sofort entgegen und bot mir die »Lichtwesen-Orakelkarten« an. Ich zog die Karte »Jophiel«. In der Beschreibung dazu hieß es: »Die Energie vom Erzengel Jophiel ist sanft, integrierend, verbindend. Er bringt Entspannung in Situationen, in denen man sich ›auseinandergezogen‹ fühlt. Man fühlt sich mütterlich warm umfangen. Sein Name bedeutet: ›Schönheit Gottes‹ oder ›Gott ist meine Wahrheit‹ und ihm wird die Farbe Gold zugeordnet.«

Obwohl ich mir vorher eine andere Essenz ausgesucht hatte, erstand ich die von Jophiel, weil ich nicht an Zufälle glaube. Vielmehr bin ich davon überzeugt, dass jede Begegnung in unserem Leben eine tiefere Bedeutung hat – tiefer, als wir oft annehmen.

So sprühte ich mir die Jophiel-Essenz über den Kopf. Sofort spürte ich, wie es über meinem Kopf angenehm warm wurde, als ob sich mein Kronenchakra erweiterte und nach oben verbände. Später las ich in dem Buch *Engel begleiten uns* über den Engel Jophiel, dass dieser insbesondere Menschen hilft, die viel am Computer arbeiten. Ich dachte mir: »Was soll ich bitteschön am Computer?« Aber schon am nächsten Tag saß ich tatsächlich am PC und schrieb die erste Seite dieses Buches.

Die Idee, ein Buch zu schreiben, hatte ich schon ganz lange in mir getragen. Nur wusste ich nicht genau, worum es gehen und in welcher Sprache ich schreiben sollte. Denn meine russische Muttersprache habe ich teilweise verlernt und die deutsche – jedenfalls die Schriftsprache – noch nicht gut genug gelernt. So war diese Idee nur eine von vielen, die ich für nicht realisierbar hielt.

Nur wenige Monate zuvor hatte ich von einer Lehrerin geträumt, bei der ich vor einiger Zeit einen Kurs besucht hatte. Ich fand die Frau schon damals sehr sympathisch, und wir beide verstanden uns gut. Ich träumte also, dass sie nach mir rief und sagte: »Jetzt komm! Wo bleibst du denn?«

Als ich einmal eine Engelkarte zog, empfing ich eine Botschaft von dem Engel Metatron, dass ich mich mit meiner kosmischen Schwester vereinen solle; zusammen wären wir stark und würden irgendwann sogar große Dinge bewirken.

Der Traum und die Botschaft Metatrons schienen mir zusammenzugehören, und einem inneren Impuls folgend rief ich die Lehrerin an. Tatsächlich wurden wir die besten Freundinnen. Beide spürten wir unsere kosmische Verbundenheit. Und so beschlossen wir, eine Gemeinschaft zu bilden, um uns gegenseitig zu unterstützen. Sie half mir beim Schreiben, erklärte mir noch einmal die deutsche Grammatik und korrigierte meine Texte. Im Gegenzug unterstützte ich sie bei ihrer Arbeit.

Meine Arbeit war sehr produktiv und intensiv, nicht zuletzt auch, weil die Engel die ganze Zeit über bei mir waren. Immer wenn ich beim Schreiben Schwierigkeiten hatte und nicht mehr weiterwusste, stellte ich mir meinen Schutzengel hinter meinem Rücken vor. Und sofort bekam ich eine Idee. So gestaltete sich die Arbeit fließend und war von einer sehr angenehmen Energie erfüllt. Dennoch geht es in diesem Buch gar nicht um Engel, sondern um schwarze Magie, um Besetzungen, um die Magie der Medien – und wie man sie auflösen kann.

Mit der schwarzen Magie als etwas sehr Realem war ich schon als Kind konfrontiert. In der dritten Klasse erzählte mir eine Freundin heimlich auf der Mädchentoilette, dass ihre kleine Schwester krank sei und dass ihre Mutter sagte, es komme vom bösen Blick. Meine Freundin berichtete, dass eine alte Frau bei ihnen zu Hause gewesen war, die komisch redete und sang und irgendwelche stinkenden Kräuter verbrannte. Das fanden wir beide sehr aufregend.

Auch später hörte ich immer wieder Geschichten zu diesem scheinbar allgegenwärtigen Thema. Nun erforsche ich bereits seit vielen Jahren die dunklen Praktiken, um die Menschen von deren Auswirkungen zu befreien. Das Thema kam sozusagen zu mir, denn in meinem Leben gab es viele Menschen, die darunter litten. Auch ich selbst kostete mehr als einmal den bitteren Geschmack dieser zerstörerischen Energien.

Während die Menschen in Russland an schwarze Magie glauben oder zumindest davon gehört haben, weiß man hier zu Lande kaum etwas über den bösen Blick oder Flüstermagie. Das liegt daran, dass in Deutschland und anderen europäischen Ländern alle Hexen, Zauberer, weisen Frauen und Männer verbrannt wurden. Nur sehr wenig Wissen wurde an die Kinder weitergegeben und konnte bis heute überdauern. Dennoch gibt es diese Dinge natürlich auch hier. Jeder Mensch kommt damit in Berührung, nur wissen die meisten leider nicht damit umzugehen.

Dieses Buch ist für all diejenigen gedacht, die sich bereits auf einem spirituellen Weg zu Meisterschaft und Erleuch-

tung befinden, aber vielleicht in ihrer Arbeit an sich stecken geblieben sind. Für Menschen, die das Gefühl haben, dass etwas sie in ihrer geistigen Entwicklung stört oder sogar lähmt.

Im Folgenden beschreibe ich alle meine Erfahrungen auf dem Gebiet der Auflösung und Befreiung von solchen destruktiven Einflüssen. Ich selbst bin diesen Weg gegangen, was mich in meiner Spiritualität sehr viel weiter gebracht hat. Heute arbeite ich in eigener Praxis, gebe Einzelsitzungen und leite Seminare. Vielleicht machen Sie morgen das Gleiche und befreien sich, andere und dadurch die ganze Welt von destruktiven Energien.

Ich wünsche mir und Ihnen, dass dieses Buch Sie auf Ihrem Weg voranbringen möge.

Einleitung

> Du kannst nicht über etwas hinauswachsen,
> das du gar nicht kennst. Um über dich
> selbst hinauszugelangen, musst du dich erst
> einmal kennen lernen.
>
> Sri Nisargadatta Maharaj

Als Kinder wurden wir erzogen, uns dem Willen anderer zu fügen, Pflichten zu erfüllen, dem Vaterland zu dienen, in einer Reihe zu marschieren und blind die gesellschaftlichen Verbote und Dogmen zu akzeptieren, die andere für uns aufgestellt haben. So ist es uns zur Gewohnheit geworden, auch weiterhin irgendwelche Anweisungen zu befolgen und genau das zu tun, was sich gehört und was von uns erwartet wird.

Wir hinterfragen es nicht, weil die anderen das auch nicht tun. Wir können nicht zu uns stehen und uns so annehmen, wie wir wirklich sind, weil uns eingeprägt wurde, wie wir sein müssen und wie wir uns verhalten sollen, damit wir dann – aber nur dann – gut, schön und liebenswert sind. Das macht uns innerlich schwach und anfällig für Manipulationen und schwarze Magie, weil wir schlafend durchs Leben gehen. Wir leben in Trance, und so merken wir nicht, dass man uns manipuliert und beliebig beeinflusst.

Wenn man das Wort Magie hört, denkt man automatisch an die Welt von Harry Potter, an Merlin, den großen Zauberer, und an alle Märchen, die wir als Kinder gehört und gelesen haben. Wenn Sie sich jedoch bewusst umsehen, werden Sie merken, dass das Leben selbst voller Magie ist. Kein Mensch weiß wirklich, was es ist, das diese Welt so erschafft, wie sie ist. Wir nennen es göttliche Kraft, Universum oder machen uns einfach gar keine Gedanken darüber. Das, was uns und alles andere erschafft – Göttin oder Gott – ist auch die Urquelle der Magie. Und weil wir Menschen Teil dieser magischen Kraft sind, sind wir mit allem ausgestattet, was diese Göttin oder dieser Gott ist. Es gibt mehr Magie in unserem Leben, als wir uns vorstellen können. Jeden Tag werden wir, ohne es zu merken, verzaubert und »zaubern« unsere Umgebung und unser Leben selbst: Ersteres durch die Medien, durch anderer Leute Gedanken oder durch bewusst angewandte magische Praktiken, Letzteres durch unsere Gedanken, Erwartungen und inneren Einstellungen.

Wichtig ist, sich dessen bewusst zu werden. Bewusstwerdung ist ein Prozess, der durch die Erkenntnis und Anerkennung dessen, was ist, in Gang kommt. Man kann im Leben nur dann etwas bewegen oder verändern, wenn man bereit ist, sich bewusst auf diesen Prozess einzulassen. Mit je mehr Bewusstsein Sie Ihren Alltag leben, desto effektiver können Sie über Ihr eigenes Schicksal verfügen.

Die Zeit der Bewusstwerdung und Transformation der Menschheit ist jetzt gekommen. Unsere Erde bewegt sich auf die nächste Stufe des Seins zu, auf die fünfte Dimension. Diejenigen, die sich entschlossen haben, mit der Erde mitzugehen, können diese Zeit nutzen, um sich auf den Übergang vorzubereiten, indem sie sich zum Beispiel mit der Vergangenheit, die sie immer wieder einholt, versöhnen und sich auf einen Pfad begeben, auf dem sie sich selbst kennen lernen, ihr eigenes Tun und Reagieren anschauen, überprüfen und zum Positiven verändern.

Teil 1

Unsichtbare Welten

Man sieht nur mit dem Herzen gut.
Das Wesentliche ist für die Augen unsichtbar.

Antoine de Saint-Exupéry

Unsichtbare Welten

Die Augen glauben sich selbst,
die Ohren anderen Leuten.

<small>SPRUCHWEISHEIT</small>

Ich lag in meinem Bett und lauschte. Es war deutlich zu hören; die Geräusche kamen aus der Küche. Ja, da war jemand, und ich glaubte, es waren mehrere. Das waren keine Menschen, nein, das konnten keine Menschen sein, ich wusste es einfach, dass diese Geräusche nicht von Menschen stammten.

»Das müssen Gespenster sein«, dachte ich damals.

»Aber was sind das für Gespenster, und was machen sie in unserer Küche? Sie kochen! Na klar, sie kochen sich einen Milchbrei.«

Ich konnte den Geruch wahrnehmen. Wenn meine Mama uns einen Milchbrei kochte, roch es genauso.

Jetzt schaltete eines der Gespenster den Gasherd an: Es war klar zu hören, wie es ein Streichholz anzündete. Der Wasserhahn wurde aufgedreht, die Töpfe wurden aus den Schränken geholt.

Ich hatte keinen Zweifel, dass sich das tatsächlich in unserer Küche abspielte.

»Komisch, dass die Gespenster auch Milchbrei mögen, so wie ich«, dachte ich. »Ob sie den auch mit Zimt essen?«

Ich mag ihn am liebsten mit Zimt und Himbeermarmelade.

Meine Eltern und mein älterer Bruder schliefen fest. Wir hatten damals eine sehr kleine Wohnung mit nur einem Schlafzimmer für uns alle.

»Wie können sie bei so einem Lärm schlafen?«, dachte ich.

Und dann sah ich sie. Es waren zwei sehr große Wesen; sie reichten bis zur Decke, eines von ihnen musste sich sogar bücken, weil es noch größer war als das andere und nicht richtig ins Zimmer passte.

Dann kamen noch zwei dazu, sie waren etwas kleiner.

»Das müssen die Kinder sein«, dachte ich. »Und die zwei großen sind bestimmt Papa und Mama.«

Alle vier waren in schwarze Umhänge mit einer Kapuze gekleidet. Sie standen da und schauten mich an, einfach so.

Sie wussten, dass ich wach war und gelauscht hatte, deswegen waren sie ins Zimmer gekommen. Ich hatte Angst. Am liebsten hätte ich geschrien und mich bei meiner Mama im Bett versteckt, aber die Angst lähmte mich.

Ich weiß nicht genau, wie ich es dann doch geschafft habe, in Mamas Bett zu kriechen. Sie tröstete mich und sagte mir, dass es keine schwarzen Gespenster gebe. Aber das war natürlich kein Trost für mich. Wie konnte sie behaupten, dass es keine Gespenster gab, wenn ich sie doch mit eigenen Augen gesehen hatte?

Ich war damals etwa zwei Jahre alt, und seit jener Nacht hatte ich panische Angst, allein in meinem Bett zu schlafen. So schlief ich dann lange auf einem ausziehbaren Sofa, zusammen mit meinem Bruder.

Was waren das für Wesen? Hatte ich sie wirklich gesehen, gehört und den Geruch von Milchbrei gerochen? Oder waren das kindliche Fantasien?

Ich weiß es nicht. Heute weiß ich nur, dass das Erlebnis mein Leben so geprägt hat, dass ich mir immer sicher war, dass es auf dieser Welt auch andere Wesen gab, die meine Mama und auch andere Menschen nicht wahrnehmen konnten. Diese Gewissheit wurde in meinem Leben oft bestätigt.

Ich habe nie wieder mit meiner Mutter oder mit sonst jemandem über mein Erlebnis gesprochen. Jetzt allerdings, wenn mein kleiner Sohn mir irgendwelche unglaublichen Geschichten erzählt oder sagt, dass er Angst hat, weil da jemand in seinem Zimmer sei, nehme ich ihn ernst.

Kinder

Deine Kinder sind nicht deine Kinder.
Sie sind die Söhne und Töchter der Sehnsucht
  des Lebens nach sich selbst.
Sie kommen durch dich, aber nicht von dir,
und, obwohl sie bei dir sind, gehören sie dir nicht.
Du kannst ihnen deine Liebe geben,
  aber nicht deine Gedanken,
denn sie haben ihren eigenen Gedanken.
Du kannst ihrem Körper ein Heim geben,
aber nicht ihrer Seele,
denn ihre Seele wohnt im Haus von morgen,
das du nicht besuchen kannst,
  nicht einmal in deinen Träumen.

KHALIL GIBRAN

Kinder haben den Zugang zu den unsichtbaren Welten noch nicht ganz verloren. Sie können auch andere Dimensionen wahrnehmen und sich manchmal auch an frühere Existenzen erinnern. Oft wird das von den Eltern jedoch als kindliche Fantasie abgestempelt.

Einmal habe ich mit meinem Sohn gespielt – er war damals drei Jahre alt –, und plötzlich hat er mich für einen Moment ganz ernst angesehen und gesagt: »Mama, aber früher habe ich woanders gelebt, und ich bin auf einem schwarzen Pferd über die Felder geritten.«

Ich wollte gleich mehr darüber erfahren und fragte ihn: »Was hast du noch gemacht außer reiten? Warst du ein Bub oder ein Mädchen?«

»Ich war ein Mann«, sagte er und vertiefte sich wieder in sein Spiel. Das Thema interessierte ihn nicht weiter.

Immer wieder höre ich ähnliche Geschichten über kindliche Erinnerungen an frühere Leben von anderen Eltern. Und das Thema fasziniert mich immer wieder aufs Neue. Es gibt dazu übrigens ein sehr empfehlenswertes Buch, es heißt *Die Kinder des neuen Jahrtausends.*

Als mein Sohn noch ein Baby war, habe ich oft beobachtet, wie er in eine bestimmte Richtung im Raum schaute, mit Ärmchen und Beinchen strampelte und sich offenbar unglaublich über irgendjemanden freute. Ich war mir absolut sicher, dass da jemand zu ihm zu Besuch gekommen war, jemand den er sehr gut kannte – vielleicht ein Freund oder ein Engel? Wer weiß. Jedenfalls war die Energie im Raum deutlich zu spüren. Es war eine warme und liebevolle Energie, in deren Gegenwart man sich sicher und geliebt fühlte.

Einmal saß ich in meinem Zimmer und las, da kam mein Sohn mit seinem Spielzeug zu mir, um in meiner Nähe zu spielen. Er sagte, dass es in seinem Zimmer gruselig geworden sei. Ich dachte mir zuerst nichts dabei und wollte weiterlesen. Plötzlich sagte mein Sohn: »Schau Mama, jetzt wird es auch hier gruselig. Ich habe Angst!«

Ich spürte auf einmal einen Zug, als ob man einen Kühlschrank aufgemacht hätte; dazu kam ein komisches Druckgefühl im Bauch. Ich sah mein Kind an, und mir war klar, dass dies ein wichtiger Moment in seinem Leben war. Meine Reaktion konnte für sein späteres Leben entscheiden, wie er auf solche Situationen reagieren würde.

»Denk an deinen Engel, denk an die Geschichten über deinen Schutzengel, die ich dir so oft erzählt habe! Dein Engel ist immer für dich da und beschützt dich. Du brauchst also gar keine Angst zu haben, es kann dir nichts passieren. Und jetzt sag dem Gruseln, es soll weggehen.«

»Geh weg, lass mich in Ruhe, verschwinde!«, sagte er mit fester Stimme. Er war in diesem Augenblick selbstbewusst und entschlossen, und ich hatte das Gefühl, dass er wusste, was er tat.

Wir beide spürten, wie das kalte Gruseln verschwand; die Zimmertemperatur wurde wieder normal, und das komische Gefühl im Bauch löste sich auf. Mein Sohn spielte ganz normal weiter.

Ich war stolz auf ihn, wie leicht er das hingekriegt hatte. Dann betete ich still für die arme Seele, die uns besucht hatte, und schickte ihr goldene Lichtsterne.

Es ist sehr wichtig, dass Kinder von klein auf von ihren Eltern erfahren, dass sie nicht allein auf der Welt sind, weil sie immer einen schützenden Begleiter an ihrer Seite haben. An den Schutzengel kann man sich in jeder Situation wenden, denn er ist immer da und hält uns mit den Flügeln seiner Liebe umhüllt.

Mithilfe des wunderschönen Buches *Dein Engel und Du* können Ihr Kind und auch Sie Ihren persönlichen Schutzengel kennen lernen und seinen Namen erfahren. Ich bin jedes Mal erstaunt, mit welcher Leichtigkeit die Kinder an diese Sache herangehen und dann begeistert verkünden, wie ihr Engel heißt und wie er oder sie aussieht. Sie erzählen oft sogar, wie ihr Engel riecht. Ein Mädchen erzählte mir einmal, dass ihr Engel ganz besonders toll rieche, und immer wenn sie ihr Engel rufe, nehme sie sofort den wunderbaren Geruch wahr, der sie an Schokoladenkuchen erinnere.

Auch zu einer lebendigen Beziehung zur Gottheit können die Eltern wesentlich beitragen, zum Beispiel indem sie ihren Kindern beibringen zu beten. So begreifen diese, dass Beten nicht nur bedeutet, in der Kirche mit gefalteten Händen ein Gebet zu murmeln, sondern dass man Mutter/Vater Gott zu jeder Zeit sprechen und zu Ihr/Ihm eine richtige Freundschaft aufbauen kann. Denn Gott ist kein Mann mit langem weißen Bart, der im Himmel sitzt und böse herunterschaut, wenn ein Kind sich unartig benimmt, sondern Sie/Er ist alles, was uns umgibt – und auch ein Teil von uns.

Kinder sollten auch so früh wie möglich in die Gesetze des Universums eingeweiht werden. Erklären Sie Ihrem Kind zum Beispiel:

- »Gleiches zieht Gleiches an. Denk daran, was du haben willst, und nicht, was du nicht haben willst.«
- »Gesetz des Bumerangs: Alles kommt irgendwann wieder zu dir zurück. Achte daher auf deine Worte und Taten.«
- »Der Geist ist allgegenwärtig. Wähle deshalb schöne Gedanken und Wörter aus, denn sie werden reale Formen annehmen.« usw.

Es gibt ein bezauberndes Buch, das ich allen Eltern und auch Nichteltern wärmstens empfehlen kann, es heißt *Sara und die Eule* und handelt von einem Mädchen, das die Gesetze des Universums von einer Eule beigebracht bekommt.

Natürlich ist es auch wichtig, dass die Eltern sich selbst bemühen, die Gesetze des Universums zu achten (siehe dazu auch entsprechendes Kapitel Seite 206 ff.), so können sie ihren Kindern als gutes Beispiel dienen, auch wenn das sicherlich nicht immer leicht ist. Ich kann ein Lied davon singen, denn ich habe selbst drei Kinder. Aber ich habe auch erfahren, dass es möglich ist, indem man die Gesetze ins tägliche Leben integriert. Denken Sie beispielsweise jeden Tag daran, sich für etwas zu bedanken – für das gute Essen, für schönes Wetter, dafür dass Sie gesund oder von einer Krankheit genesen sind. Bedanken Sie sich laut, am besten gemeinsam mit den Kindern. So lernen sie ganz natürlich, dass sie in ein größeres Ganzes eingebunden sind, mit dem Sie in Dialog treten können.

Mein Weg, meine Methoden

Das Schönste und Tiefste, was ein Mensch erleben
kann, ist das Gefühl des Geheimnisvollen ...
Wer dies nicht erlebt hat, erscheint mir, wenn nicht
wie ein Toter, so doch wie ein Blinder.

ALBERT EINSTEIN

Ich wuchs in dem großen, gottlosen, sozialistischen Land auf, das früher Sowjetunion hieß. Das vom regierenden Apparat aufgesetzte Motto in unserem Land hieß Kommunismus. Individualität wurde nicht geduldet. Alle sollten gleich sein, gleich denken und in einer Reihe marschieren.

Der Glaube an Gott ist aus unserem Land verbannt worden. Viele Kirchen wurden in Sportsäle oder Bibliotheken umgewandelt. Wir sollten an die Partei glauben und an unsere heile kommunistische Zukunft. Dennoch war in diesem Land auch Platz für Magie und andere übernatürliche Phänomene. Die Wahrsagerei war eine ganz normale Sache, vorausgesetzt man glaubte daran. Kartenlegen oder Kaffeesatzlesen – es gab viele Menschen, die das taten.

Ich war zehn Jahre alt, als ich selbst anfing, Karten zu legen. Die Möglichkeit, Informationen aus dem Kartenbild abzulesen, faszinierte mich. Ich wurde mit der Zeit so gut, dass meine Freundinnen ständig zu mir kamen, wenn sie etwa in einer Krise steckten oder verliebt waren und etwas über den Herzbuben erfahren wollten.

Mit der Zeit merkte ich allerdings, dass die Karten mir nur dabei halfen, mich auf eine bestimmte Information zu konzentrieren. Ich entdeckte, dass die Information in Wirklichkeit aus einer anderen Quelle stammte. Beim Handlesen war es das Gleiche: Wenn ich die Hände eines Menschen in die meinen nahm, wusste ich mit einem Mal viele Sachen über ihn, was ich mir damals nicht erklären konnte.

Als ich dann immer weiter experimentierte, stellte ich fest, dass mir der Zugang zu dieser Informationsquelle nicht immer offen stand, sondern nur dann, wenn es mir gut ging. Ich denke, wenn man sich wohl fühlt, ist man mit der höheren Quelle verbunden und erhält so auch den Zugriff auf höhere Informationen.

Viel später erfuhr ich aus spirituellen Büchern, dass es eine so genannte Akasha-Chronik im Universum gibt. In dieser Chronik steht zeitunabhängig die Summe aller möglichen Varianten der Vergangenheit, Gegenwart und Zukunft unseres menschlichen Seins geschrieben. Dies lässt sich mit einer Datenbank vergleichen. Es sind Varianten unserer so genannten Lebensbahnen. Jeder Mensch hat so viele Lebensbahnen, wie es Sterne am Himmel gibt. Und es liegt bei jedem Einzelnen, welche Variante er für sich wählt.

Es gibt hellsichtige Menschen – und ich gehöre zu ihnen –, welche die Gabe besitzen, sich in diese kosmische Datenbank einzuklinken. Allerdings werden die Aussagen aufgrund der Situation oder momentanen Stimmungslage des Klienten gemacht. Das heißt, dass der Hellsichtige Informationen derjenigen Lebensbahn abliest, auf welcher sich die Situation oder der Klient zurzeit befindet. Ändert sich die Stimmungslage entscheidend, so springt der Klient oder die Situation auf eine andere Lebenslinie, und die Aussage kann dadurch nicht mehr stimmen.

Mit achtzehn arbeitete ich als Krankenschwester in einem großen Forschungsklinikum auf der onkologischen Station in Odessa. Einmal wurde ich Zeuge eines Gesprächs zwischen dem Professor und seinem Patienten. Der Professor sagte dem Patienten, dass er nichts mehr für ihn tun könne und dass er sich deshalb nach einer Geistheilerin umsehen solle. Vielleicht könne sie ihm helfen. Der Professor, einer der führenden Chirurgen unseres Landes, erwog also die Möglichkeit, dass alternative Verfahren sogar in einem so hoffnungslosen Fall Erfolg haben könnten.

Ich glaube, das war der Wendepunkt in meinem Leben, an dem ich mich entschloss, all diese übernatürlichen Phänomene und auch das Geistheilen für mich zu erforschen, meine eigenen Fähigkeiten zu klären und zu lernen, sie bewusst einzusetzen. In diesem Moment wurde mir klar, dass ich Geistheilerin werden und Menschen helfen wollte, die die Hoffnung bereits aufgegeben haben. So begab ich mich auf diesen Pfad, und das Leben unterstützte mich in meinem Entschluss und bildete mich zur Geistheilerin aus.

Ich kündigte also meine Arbeitsstelle als Krankenschwester und arbeitete zwei Jahre lang als Assistentin bei einem Geistheiler. Es stellte sich heraus, dass nicht nur ich von ihm etwas lernen konnte, sondern er auch von mir. So übernahm er zum Beispiel meinen Ansatz, dass man zu jedem Menschen einen individuellen Zugang finden muss, um die besten Ergebnisse zu erreichen, sowie meine Überzeugung, dass es beim Heilen äußerst wichtig ist, auch Hilfe zur Selbsthilfe zu geben.

Er hingegen lehrte mich, wie man mit den Händen Störungen im Körper aufspürt und sie dann harmonisiert. In kürzester Zeit beherrschte ich diese Technik und half den Menschen, sich von Schmerzen zu befreien. Leider stellte sich heraus, dass sie in vielen Fällen wiederkamen oder die Symptome sich ständig änderten. Auf jeden Fall trat Heilung nicht wirklich ein. So wurde mir klar, dass es allein mit der Harmonisierung von Energien nicht getan ist. Das forderte mich heraus, nach größerem Wissen zu streben, was ich bis heute tue.

Inoffiziell gab und gibt es in unserem Land weise Männer und Frauen. Meistens aber sind es Frauen, die wir

»Babka« nennen, was sich von Baba (»wilde Frau«) ableitet, dem Namen einer slawischen Göttin. Häufig sind es alte Frauen im Dorf mit Schürze und geblümtem Kopftuch, die vielleicht nur drei Klassen Grundschule absolviert, dafür aber zehn Kinder großgezogen haben. Doch sie wissen, wie man heilt. Ihr Wissen wurde von Generation zu Generation von der Mutter an die Tochter weitergegeben. Diese Frauen setzen ihre weibliche Intuition ein und verbinden sich so mit der Göttin. Wenn man zu einer Babka geht, verordnet sie einem in der Regel als Erstes eine Diät, die man über einen längeren Zeitraum einhalten soll. Frische, energievolle Nahrungsmittel helfen dem Körper, sich zu erholen, wobei sich der Geist auf eine höhere Schwingung einstellen kann. Zu den energiearmen oder toten Lebensmitteln, auf die man zumindest für eine Weile verzichten sollte, gehören Fleisch, Zucker und alle Fertigprodukte. Außerdem trainiert man mit einer Diät bzw. einer Fastenkur die Willenskraft, um Schwächen und Süchte zu überwinden.

Die Babka erklärt einem auch, wie man beten muss. Gebete haben eine starke positive Wirkung auf Geist und Körper; sie stärken die Aura, und man stellt sich auf höhere Schwingungen ein.

Dass Gebete wesentlich zur Genesung beitragen können, ist wissenschaftlich belegt. So führten Wissenschaftler des St.-Luka-Krankenhauses in Kansas City ein Experiment durch. Die Patienten der kardiologischen Abteilung wurden in zwei Gruppen aufgeteilt: Für die eine Patientengruppe wurde von Freiwilligen Tag und Nacht gebetet. Die Betenden kannten diese Menschen nicht und haben sie niemals gesehen, sie erfuhren lediglich ihre Namen. Patienten und Angehörige wussten nichts von dem Experiment. Nach vier Wochen sah das Ergebnis wie folgt aus: In der Patientengruppe, für die gebetet worden war, gab es zehn Prozent weniger Verschlimmerungen wie Brustschmerzen oder Herzstillstand, als es in der anderen Gruppe der Fall war.

In Russland ging man einen Schritt weiter. Dort testete man die Gehirnfunktionen während des Gebets. Dabei wurden von sieben Absolventen einer geistigen Akademie die EEGs aufgenommen. Was sich dabei abspielte, war für die Wissenschaftler absolut unbegreiflich. Während des Betens wurden die Gehirnströme immer langsamer, und zum Schluss waren es nur noch 2–3 Hz. Normalerweise erreicht ein Mensch solch einen Zustand während der Tiefschlafphase. Einer von diesen jungen Männern hat besonders eifrig gebetet, sodass bei ihm gar keine Gehirnrindenaktivitäten mehr messbar waren, obwohl er im Wachzustand blieb. Als er das Gebet beendet hatte, sagte er ruhig: »Nun ist es genug«, und die Hirnströme stiegen wieder bis zu normalen Alfa- (8–12 Hz) und Betawerten (13–30 Hz) an.

Diese Untersuchungen sprechen deutlich für das Beten. So ist es auch ein wichtiger Bestandteil meiner eigenen Praxis geworden.

Beim nächsten Schritt der Behandlung einer Babka wird der Behandelte auf Einflüsse von schwarzer Magie hin untersucht.

Schwarze Magie entdecken

Wer das Böse entschuldigt, vervielfältigt es.

GUSTAVE LE BON

Der Unterschied zwischen weißer und schwarzer Magie besteht darin, dass man weiße Magie aus reinen Absichten der Liebe und Harmonie mit dem ganzen Universum praktiziert, während schwarze Magie angewandt wird, um eigene Zwecke zu verfolgen – aus minderwertigen Gefühlen heraus und um sich persönliche Vorteile zu verschaffen.

Unter schwarzer Magie versteht man die Missachtung des Gesetzes des freien Willens. Ein Mensch wird verzaubert und dann beliebig manipuliert; er wird hörig gemacht. Der Betroffene verleugnet dann sein Individuum, er folgt der Masse und strebt die falschen Ziele an. Schwarze Magie hat Ähnlichkeit mit einem bösartigen Tumor, der ständig wächst und seine Metastasen in der Aura bildet, welche auf die Körperorgane eine negative Wirkung haben und ebenso auf die Psyche. Im Russischen nennt man schwarze Magie auch »Portscha«, was man als »Verderben« übersetzen kann. Man muss also schauen, ob ein Mensch »verdorben« ist, wenn man ihm helfen will.

Zur schwarzen Magie gehören alle Arten von Angriffs- und Projektionsmagie wie Flüche, Verwünschungen, Geflüster, Liebeszauber, böse Blicke oder magische Rituale. Ins Verderben können wir in diesem Leben gestürzt werden, aber in vielen Fällen schleppen wir die Geschichte aus einer früheren Existenz mit. Schwarze Magie kann vom Magier bewusst praktiziert werden, um Menschen Schaden zuzufügen, aber sie kann auch unbewusst von einfachen Menschen eingesetzt werden.

Um herauszufinden, ob es sich in einem bestimmten Fall um Angriffsmagie handelt, gibt es die unterschiedlichsten Methoden. Manche werfen Orakel aus Bohnen, andere arbeiten ausschließlich mit Gebeten. Man kann aber auch mit einem Ei arbeiten.

Die Eier-Methode eignet sich gleichzeitig dazu, die Angriffsmagie aufzulösen. Man kennt sie nicht nur in Russland. In Brasilien zum Beispiel werden Eier beim Voodoozauber zu Heilzwecken benützt. Auch in Peru, Mexiko und Ägypten ist die Heilkraft des Eis bekannt. Jede Kultur hat allerdings verschiedene Methoden, wie man das Ei benutzt.

In Moldawien war ich Zeuge, wie eine alte Frau ein Mädchen von Bösem befreite. Sie nahm ein Ei und rollte es mit einer Hand auf dem Kopf des Mädchens, dabei sprach sie Gebete in ihrer Sprache. Als sie damit fertig war, zerschlug sie das Ei auf einem Teller – es war schwarz und hatte rote Flecken, die wie Blut aussahen. Sie nahm den Teller mit dem Ei in die rechte Hand und spuckte über ihre linke Schulter und dann dreimal auf das Ei. Bis dahin hatte ich den Brauch, dreimal über die Schulter zu spucken, in einem anderen Zusammenhang gekannt, nämlich um sich selbst oder eine andere Person vor dem Bösen zu schützen. Dazu spuckt man allerdings nicht wirklich, sondern tut nur so.

Warum die Frau das Ei anspuckte, war mir ein Rätsel. Später erklärte sie mir, dass man starke Zauber eigentlich gar nicht lösen könne, weil sie gar nicht hier, sondern in der Hölle seien und von dort auf das Opfer wirkten. Mit dieser Technik aber hole man den Zauber aus der Hölle, um ihn aufzulösen.

Erst viele Jahre später begriff ich, dass diese Hölle,

wohin starke Flüche oder andere Zauber geschleudert werden, außerhalb von Raum und Zeit existiert.

In den vielen Jahren meiner Tätigkeit entwickelte ich meine
eigene Methode, um schwarze Magie zu entdecken und
aufzulösen: Die Ei-Dreh-Methode dient dazu, einen Zauber
zu erkennen; Sie lernen sie im folgenden Kapitel kennen.
Außerdem muss der Zauber in unseren Raum und unsere
Zeit zurückgeholt werden. Dazu benützte ich zunächst
eine Technik, bei der man den Namen der betreffenden Person dreimal ausspricht. Dann sagt man ihn dreimal rückwärts und anschließend noch dreimal auf normale Weise.
Zum Beispiel: Anita Malik, Anita Malik, Anita Malik; Atina
Kilam, Atina Kilam, Atina Kilam; Anita Malik, Anita Malik,
Anita Malik.

In verschiedenen Büchern las ich von einer weiteren, wie
sich herausstellte äußerst wirksamen Technik zur Auflösung schwarzer Magie. Um Zauber aus einer anderen Dimension in die unsere zu holen, wird das Symbol einer liegenden Dreier-Acht benutzt.

Natürlich können Sie auch mit einem anderen positiven
Symbol Ihrer Wahl arbeiten. Wichtig ist vor allem, dass
Sie dieses Symbol dreimal hintereinander verwenden, denn
damit verwischen Sie die unsichtbaren Grenzen und errei-
chen gleichzeitig Vergangenheit, Gegenwart und Zukunft.
Ebenso wichtig ist es, dass Sie sich während der Auflö-

sungsarbeit vollständig bewusst sind, was Sie tun und wozu es dienen soll.

In meiner Arbeit habe ich mich für eine vertikale Dreier-Acht entschieden, die sich für mich am angenehmsten anfühlt und außerdem sehr einfach zu benützen ist. Probieren Sie es doch einfach einmal aus: Zeichnen Sie die Dreier-Acht am Fußboden beginnend in die Luft, und stellen Sie die zu behandelnde Person hinein. Handelt es sich um ein Baby, können Sie es auch hineinlegen.

Der kinesiologische Muskeltest

Im Folgenden werde ich immer wieder den kinesiologischen Muskeltest erwähnen. Diese Methode ist ebenfalls ein wichtiger Bestandteil meiner Arbeit. Alternativ können Sie auch mit einem Pendel oder Biotensor arbeiten, obwohl die Kinesiologie in der Regel sicherere Ergebnisse liefert.

Ebenso können Sie sich von inneren Bildern wie beim NLP leiten lassen oder direkt auf Ihre Intuition vertrauen.

▶ ÜBUNG

Wenn Sie es mit dem kinesiologischen Muskeltest versuchen möchten, halten Sie sich einfach an die folgende Anleitung:

Die Testpeson stellt sich entspannt hin und hält einen Arm waagerecht zur Seite ausgestreckt; die Innenfläche der Hand zeigt nach unten. Der Tester legt seine Hand auf das Handgelenk des ausgestreckten Arms der Testperson. Jetzt drückt er mit dem Wort »Halten« den Arm leicht nach unten, während die Testperson standzuhalten versucht. Kann sie den Widerstand aufrechterhalten, ist der Muskel stark, lässt sich der Arm herunterdrücken, so ist der Muskel schwach – der Körper signalisiert Stress.

Die Ei-Dreh-Methode

> *Man soll die Dinge so einfach wie möglich*
> *machen, aber nicht noch einfacher.*
>
> ALBERT EINSTEIN

Nun aber zur Ei-Dreh-Methode. Sie können sie für eine andere Person oder für sich selbst durchführen. Die folgende Beschreibung geht von der Arbeit mit einem Klienten aus.

▶ **ÜBUNG**

Sie brauchen ein frisches Ei und ein halb gefülltes Glas Wasser. Verwenden Sie bitte nur frische Eier vom Bauern oder zumindest Bio-Eier, die man ja heutzutage auch im Supermarkt bekommt. Eier aus Legebatterien haben nicht die Kraft, schwarze Magie zu entlarven, vielmehr tragen sie selbst zerstörerische Energie in sich.

Verbinden Sie sich dann mit Ihrem festen Glauben, dass Sie unter dem besonderen Schutz Gottes stehen und dass das Universum auf Ihrer Seite ist.

Das Ei wird nun in das Wasserglas geschlagen. Die zu behandelnde Person setzt sich auf einen Stuhl und entspannt sich, die Hände auf dem Schoß, die Augen geschlossen. Die Heilerin (oder der Heiler) verbindet sich mit ihrem höheren Selbst, indem sie einen Lichtstrahl von ihrem Scheitelpunkt aus nach oben visualisiert. Dann visualisiert sie zwei weitere Lichtstrahlen, einen, der von der zu behandelnden Person diagonal nach oben verläuft und auf den ersten trifft. Ein weiterer Strahl verbindet den zu Behandelnden mit ihr selbst. So entsteht ein Dreieck aus Licht.

Danach stellt man die Frage in den Raum: »Ist es in Ordnung, dass wir nach der Ursache des Konflikts suchen?« Die Antwort kommt meistens gleich. Ich persönlich sehe manchmal in goldener Schrift ein »Ja« vor meinem inneren Auge, oder ich nehme eine Stimme wahr, die mir zustimmt, oder ein Gefühl, das ich »Komfortgefühl« nenne. Sie können an dieser Stelle auch kinesiologisch testen: »Ist es in Ordnung?« Ein starker Muskeltest bedeutet »Ja«, ein schwacher heißt »Nein«.

In meiner Praxis ist es mir noch nie passiert, dass die Antwort negativ war. Dennoch, sollte das der Fall sein, dann ist dies unbedingt zu respektieren. Eventuell kann nach dem Grund gesucht bzw. gefragt werden, aus dem der Zauber jetzt (noch) nicht aufgelöst werden kann.

Wenn Sie dann mit der Auflösungsarbeit beginnen, sollten Sie sich schützen, indem Sie einen Energieschutz um sich herum aufbauen. Ich selbst visualisiere zu diesem Zweck ein goldenes Ei, in welches ich hineinsteige. Dann versiegele ich die schützende Energie um mich herum, indem ich mir vorstelle, dass das Ei für äußere Einflüsse vollkommen undurchlässig ist.

Danach rufe ich meinen Schutzengel an. Das geht sehr leicht: Ich brauche ihn mir nur bildlich vorzustellen, und sofort ist er für mich da. Er stellt sich hinter meinen Rücken und legt die Hände auf meine Schultern, um mich zu leiten. So kann ich sicher arbeiten, weil ich absolut darauf vertraue, dass ich beschützt werde und dass Gott mich führt.

Als Nächstes nimmt man das Glas in die Hand und fängt an, es im Uhrzeigersinn zu drehen. Dabei zieht man große Kreise zuerst über dem Kopf der zu behandelnden Person, dann vor dem Gesicht, dem Rumpf, den Beinen, den Füßen und dann wieder hinauf bis zu den Schultern und Armen. Ganz wichtig sind die Handflächen, dort dreht man etwas länger. Dann geht man weiter zum Rücken und bewegt das Glas weiter drehend von oben nach unten bis zum Becken und zum Schluss wieder über den Kopf.

Oft hat man den Impuls, an irgendeiner Stelle länger zu drehen oder zu manchen Stellen noch einmal zurückzukehren, während es an einer anderen Stelle vielleicht schneller vorangeht. Verlassen Sie sich hier auf Ihre Intuition, und bleiben Sie mit Ihrer Aufmerksamkeit voll bei der Sache.

Ich stelle mir während dieser Prozedur intensiv vor, wie die dunkle, schmutzige Energie den Behandelten verlässt und in das Ei gesaugt wird. Gleichzeitig spreche ich ein Gebet und bitte die Göttin, diese Person von dem Übel zu erlösen und ihr die Kraft zu geben, weiterzumachen.

Danach kann man aus dem Ei lesen. Das Eigelb repräsentiert den Körper und das Eiweiß die Aura des Behandelten. Bei magischen Angriffen zeigt sich das Eiweiß trüb und der Körper, also das Eigelb, erscheint verschleiert. Typischerweise bilden sich

Fäden, an deren Ende sich das Eiweiß so zusammenformt, dass es wie eine Menschengestalt – oder wie mehrere – aussieht. Wenn man die Gestalt(en) genau anschaut, kann man meistens sogar Gesichtszüge erkennen, welche auf die Person deuten können, die mit dem magischen Angriff zu tun hat.

Mithilfe des kinesiologischen Muskeltests, eines Pendels oder eines Biotensors wird das Ei dann befragt. Formulieren Sie die Fragen ganz präzise:

- Haben wir es hier mit schwarzer Magie zu tun? Lautet die Antwort »Ja«, fragen Sie genauer nach:
- Haben wir es mit dem bösen Blick zu tun (siehe Kapitel »Die verschiedenen Zauber«)?
- Liegt ein Fluch vor?
- Ist es ein Liebeszauber?
- Oder sind es Verwünschungen, eventuell Geflüster?

Wenn das alles nicht zutrifft, fragen Sie, ob hier magische Rituale im Spiel sind, oder ob Sie es mit magischen Eingriffen zu tun haben, welche aus Raum und Zeit entfernt wurden.

Die Ei-Dreh-Methode gibt uns die Möglichkeit, Flüche oder sonstige Eingriffe zu entdecken. Das Ei hat die Kraft, die Wächter, die den Fluch bewachen, sichtbar zu machen. Bei vielen magischen Vorgängen wurden Wächter aus der Dunkelheit erschaffen, um den Zugang zu dem Zauber zu erschweren. In der Regel sind es vier Wächter, von denen jeder in einer der vier Himmelsrichtungen platziert wurde. Deswegen dürfen Sie bei der Auflösung eines Zaubers nicht vergessen, die Wächter zu entlassen, in dem man ihnen sagt, dass ihre Dienste nicht mehr benötigt werden. Das Thema behandele ich aber noch ausführlich im folgenden Kapitel (Seite 53 ff.).

Die Erfahrung zeigt, dass manches Übel gar nicht in diesem Leben entstanden ist, sondern aus früheren Existenzen mitgebracht wurde. Deswegen ist es bei vielen Therapiemethoden so schwer und manchmal gar unmöglich, an die entsprechenden Informationen heranzukommen.

Wenn Sie dann festgestellt haben, welcher magische Angriff vorliegt, fragen Sie ab, wann der Zauber gesetzt wurde und wer der Täter war oder ist:

- Ist dieser Zauber in der jetzigen Existenz entstanden? Lautet die Antwort »Ja«, dann fragen Sie nach, in welchem Alter. War es im Erwachsenenalter, in der Kindheit, im Mutterleib, während der Zeugung?
- Ist der Zauber in einer früheren Existenz entstanden?
- Ist es wichtig, die genaue Zeit und den Ort zu erfahren, an dem es geschah? Lautet die Antwort »Ja«, dann fragen Sie, ob es vor Christus oder nach Christus war. Und dann zählen Sie die Jahre, um den genauen Zeitpunkt festzustellen. Zum Beispiel: nach Christus. Von eins bis fünfhundert? Lautet die Antwort »Ja«, dann fragen Sie genauer: vierhundert bis fünf-

hundert? Ist die Antwort erneut »Ja«, dann fragen Sie noch genauer: vierhundert bis vierhundertzehn und so weiter. Wenn Sie das genaue Jahr herausgefunden haben, fragen Sie, ob der Betreffende in jenem Leben ein Mann oder eine Frau war. In welchem Alter ist der Zauber gesetzt worden? Wo hat die Person gelebt? In Amerika, Asien, Afrika oder Europa? In welchem Land genau?

- War der Täter eine Frau oder ein Mann?
- Gehörte bzw. gehört sie oder er zur Familie, oder war/ist es ein Freund, eine Freundin, ein Bekannter oder ein Fremder? Kannte bzw. kennt der Betroffene diese Person?

Fast immer kennt der Betroffene die Person, die den Zauber in einem früheren oder in diesem Leben – bewusst oder unbewusst – gesetzt hat. Nun sollte man fragen: Wie hat sich der Betreffende an dieser Person schuldig gemacht? Wann, in welchem Leben, war er der Täter, und was hat er dieser Person damals angetan? (Siehe dazu auch »Gesetze des Universums«, Seite 206 ff.) Um den Zauber zu lösen, kann es sehr hilfreich sein, mit Psycho-Kinesiologie oder Reinkarnationstherapie in das Leben zurückzugehen, in dem der Betreffende selbst Täter war, um auch die ursprüngliche Tat aufzulösen.

Danach fragen Sie kinesiologisch oder mit Pendel oder Biotensor ab, ob der Zauber aus Raum und Zeit entfernt wurde. Wenn ja, dann muss der Zauber, um ihn zu brechen, zuerst wieder in Raum und Zeit hereingeholt werden.

Um das zu erreichen, zeichnen Sie, am Boden anfangend, eine große stehende Dreier-Acht in die Luft, welche so groß wie der Betroffene selbst ist. Dann soll er oder sie einen Schritt auf Sie zu machen und sich genau dahin stellen, wo Sie das Symbol gezeichnet haben.

Lassen Sie das Symbol ein wenig wirken. Testen Sie dann (kinesiologisch, mit Pendel oder Tensor), ob der Zauber jetzt wirklich in Raum und Zeit angekommen ist. Wenn der Zauber sich wieder in Raum und Zeit befindet, dann soll der Behandelte das Ei – mit dem Bewusstsein, dass er sich von dem Übel befreit – in die Toilette werfen und zweimal nachspülen.

In einer weiteren Sitzung sollte das gesamte Thema genau geklärt werden, um es zu verstehen und danach zu entlassen. Wenn dies nicht möglich ist, fragt man mithilfe von Pendel oder Biotensor, wie oft der Vorgang des Ei-Drehens noch wiederholt werden soll. Halten Sie das Pendel oder den Biotensor dazu über das Glas mit dem Ei (bevor Sie es in die Toilette werfen), beginnen Sie langsam zu zählen, und beobachten Sie dabei Ihr Instrument. Stimmt das Pendel/der Biotensor zum Beispiel bei der Zahl fünfzehn zu, dann heißt das, dass man weitere fünfzehn Tage lang das Ei drehen soll. Beachten Sie dabei, dass man diese Prozedur nur einmal pro Tag vollziehen und keinen Tag aussetzen soll. Jeden Tag wird erneut abgefragt, welche Zauber noch vorliegen und ob sie in Raum und Zeit vorhanden sind. Gehen Sie jeweils vor wie oben beschrieben.

Insgesamt ist es wichtig, der Sache mit Leichtigkeit zu begegnen. Hören Sie auf Ihre inneren Impulse. Die Ei-Dreh-Methode, wie ich sie hier beschreibe, ist die für mich persönlich optimale Technik. Vielleicht finden Sie auf dieser Basis Ihre eigene Vorgehensweise, die für Sie stimmig ist. Folgen Sie Ihrer Intuition! Wichtig ist vor allem, dass Ihre Absichten rein sind und Sie sich auf die Liebe ausrichten. Dann sind Sie auf dem richtigen und sicheren Weg.

In der Zeit, in welcher die Zauber gelöst werden, sollten der Betroffene ebenso wie der Behandelnde sich nach Möglichkeit ausschließlich vegetarisch ernähren und auf Kaffee, Alkohol und Zigarettengenuss verzichten. So unterstützen Sie Ihren Körper, sich schnellstmöglich von den belastenden Energien zu befreien, da tote Nahrung den Vorgang deutlich erschweren kann. Je schwerer der Angriff, je stärker also die körperlichen Beschwerden, desto länger sollte die »Diät« eingehalten werden.

Auch ist es wichtig, in dieser Zeit ausreichend zu trinken – etwa zwei bis drei Liter Wasser pro Tag –, um Gifte schneller aus dem Körper auszuscheiden. Eine zusätzliche Entgiftung, beispielsweise mithilfe der Schüßler Salze, kann ebenfalls unterstützend wirken.

Und nicht zuletzt vermag das Beten zur Mutter/zum Vater Gott zur schnellen Genesung beizutragen. Dabei ist es prinzipiell nicht wichtig, welcher Glaubensrichtung Sie angehören und in welcher Sprache Sie beten, denn alle Gebete werden erhört. Als klassisches Gebet gilt das Vaterunser; natürlich können

Sie aber auch mit Ihren eigenen Worten beten. Oder Sie versuchen es mit dem folgenden wunderschönen Gebet zur Mutter Göttin – dem »Mutterunser« aus dem Buch *Gespräche mit der Göttin* von Christel K. Deutsch:

> *Unsere Große Mutter,*
> *Dein Name sei uns heilig,*
> *Nimm uns als Kinder Deiner Schöpfung*
> *   mit all unseren Fehlern.*
> *Lass uns in Liebe Deine Liebe erwidern.*
> *Alle, auch wir, wollen uns Deinen*
> *   segensreichen Geboten fügen.*
> *Wir danken Dir für das Brot,*
> *   das Du uns schenkst.*
> *Aus Deinem immer währenden,*
> *   gütigen Verzeihen mögen wir lernen,*
> *uns und anderen zu vergeben.*
> *Wenn wir in Versuchung geraten,*
> *   falschem Glanz zu folgen,*
> *führe uns, oh Große Mutter,*
> *   bis wir von Verwirrungen befreit sind.*
> *Denn Dein ist alle Kraft und Herrlichkeit*
> *   von Anbeginn und ohne Ende.*
> *Wir danken Dir, dass Du auch*
> *   uns geschaffen hast.*
> *Lob auf ewig sei Dir, Göttin.*

Einen Zauber auflösen

Die Liebe sagt: Verdammet nicht,
dass man nicht Euch verdammet.

GOTTFRIED AUGUST BÜRGER

Nachdem Sie die Zauber genau festgestellt und in Raum und Zeit gebracht haben, können Sie zusätzlich, wenn die Möglichkeit dazu besteht, eine Sitzung zur Auflösung durchführen. Eine solche Sitzung trägt zur besseren und schnelleren Aufarbeitung der erhaltenen Informationen bei und sorgt deswegen beim Klienten für eine schnellere Genesung.

▶ ÜBUNG

In solch einer Sitzung geht die Person, die sie durchführt, automatisch auf eine höhere Ebene. Wie hoch diese Ebene ist, hängt vom Zauber selbst ab. Auf jeden Fall arbeitet man hier, bei der Auflösung eines magischen Zaubers, ab der fünften Ebene im schamanistischen Bereich. Deswegen ist es für die Heilerin oder den Heiler sehr wichtig, ganz bewusst bei sich zu bleiben und jeden Schritt mit Achtsamkeit auszuführen. Es ist ratsam, einen energetischen Schutzschild aufzubauen (siehe entsprechendes Kapitel Seite 176 ff.) und Gottheit und die Engel um Unterstützung zu bitten.

Die zu behandelnde Person soll sich als Erstes vollständig entspannen. Dazu kann man zum Beispiel von zehn bis eins rückwärts zählen oder eine beliebige Entspannungstechnik benutzen. Leiten Sie die Person an, sich in völliger Ruhe und Entspannung auf eine wunderschöne Wiese zu projizieren, mit grünen Gräsern, strahlend blauem Himmel und Sonnenschein. Die Vögel zwitschern ihr fröhliches Lied, und da und dort sieht man freundliche Tiere. In der Ferne rauscht ein Wasserfall. Diese Wiese ist ein sicherer Platz, der Wärme und Geborgenheit vermittelt. Der Schutzengel ist ebenfalls anwesend und umhüllt seinen Schützling mit den Flügeln seiner Liebe. Ein goldener Strahl universellen Lichts erfüllt die Person mit der göttlichen Kraft der Liebe und der Harmonie. Das goldene Licht erfüllt jede Zelle und reinigt alle emotionalen Verletzungen.

Und jetzt, unter Ihrer Anleitung, stellt sich der Betroffene den Täter vor, der ebenfalls einen Schutzengel an seiner Seite hat. Dieser Person wird erklärt, dass sie den freien Willen Ihres Klienten verletzt hat und dass das nach den kosmischen Gesetzen nicht in Ordnung ist. Der Klient gibt dem Täter nun symbolisch – zum Beispiel in Form eines Steines, eines Sandsackes oder einer Flasche mit einem Elixier – den Zauber zurück. Nehmen Sie das Symbol, das dem Klienten oder, falls dieser gerade blockiert ist, Ihnen als Erstes in den Sinn kommt.

Bitten Sie den Klienten dann, sein Herz zu öffnen. Dazu mag er sich sein Herz als Blüte vorstellen, die sich langsam öffnet und ihre positive Energie verströmt. Immer intensiver und kräftiger fließen Liebe, Licht und Vergebung durch das Herz.

Ermuntern Sie Ihren Klienten, das Opfer, seinem Täter zu vergeben. Denn ohne Vergebung kann der Zauber nicht vollständig gebrochen werden. Anschließend soll er auch sich selbst vergeben. Dabei können Sie und Ihr Klient sich vorstellen, wie Rosenblütenblätter aus dem Himmel auf ihn herabregnen.

Ihre Aufgabe besteht darin, dem Klienten klar zu machen, wie wichtig es ist, zu verzeihen. Versuchen Sie ganz liebevoll, ihn zu dieser Bereitschaft zu bringen, indem Sie ihm begreiflich machen, dass man mit Groll und Hass in Wirklichkeit lediglich sich selbst schadet. Nur durch Vergebung kann die vollständige Befreiung von schwarzer Magie gelingen.

Testen Sie mit dem Muskeltest aus, ob die Bereitschaft zu vergeben da ist, und dann, ob die Vergebung wirklich stattgefunden hat. Wenn nicht, suchen Sie nach weiteren Ursachen. Vielleicht braucht der Betreffende einfach noch mehr Zeit, um vergeben zu können. Es kann aber auch sein, dass er durch ein magisches Band mit dem Täter verbunden ist.

Um dies zu überprüfen, stellt der Klient sich vor, dass der Täter vor ihm steht. Er soll ihn genau anschauen, um zu erkennen, ob noch irgendwelche Verbindungen von seinem Körper zu dem des Täters führen – in Form von Fäden, Strahlen oder auch Ketten. Benutzen Sie in Ihrem Geist Instrumente Ihrer Wahl, um diese Verbindungen zu durchtrennen, beispielsweise

Schere, Säge, Laserkanone oder Licht. Wenn alle Verbindungen vollständig getrennt sind, hüllt der Klient sich in ein goldenes Ei aus Licht ein. Prüfen Sie jetzt noch mal mit dem Muskeltest, ob Vergebung stattgefunden hat.

Um magische Vorgänge aufzulösen, welche aus Raum und Zeit entfernt wurden, holen Sie diese wie zuvor beschrieben in unsere Zeit und unseren Raum zurück, indem Sie eine große stehende Dreier-Acht in die Luft malen und den Betroffenen hineinstellen. Falls Sie einen Fluch lösen, denken Sie daran, dass der Betreffende von Dämonen besetzt ist, welche bei dem Fluch entstanden sind (siehe »Fluch«, Seite 76 ff.). Diese elementaren, destruktiven Geister werden mit sehr viel Mitgefühl und Liebe und Licht behandelt. Sie werden aufgeklärt, dass es nach dem kosmischen Gesetz nicht in Ordnung ist, einen Menschen ohne dessen Einverständnis zu besetzen (siehe »Besetzungen«, Seite 102 ff.).

Dämonen sind in aller Regel nicht bereit, sich im Licht aufzulösen; meistens gehen sie wieder in die Dunkelheit, aus welcher sie erschaffen wurden. Nach dem Gesetz von Ursache und Wirkung kehren sie automatisch zu ihrem Erzeuger zurück. Oft aber kommen sie wieder, wenn ein Mensch nicht bereit ist, seine Schwingung zu erhöhen, indem er sich bewusst dafür entscheidet und an sich arbeitet. Es reicht also nicht aus, einen Fluch aufzulösen, um das Leben ins Positive zu wenden, man muss sich auch bewusst auf das Positive ausrichten, die Aufmerksamkeit darauf lenken und sich auf diese Weise befreien. Dennoch sollte man den Dämonen den Weg zur Erlösung von ihren dunklen Diensten anbieten, indem man sie aufklärt, dass sie sich zum Licht wenden können, wo sie transformiert werden.

Bitte denken Sie bei Ihren Sitzungen daran, auch die Wächter, die den Fluch bewachen, liebevoll zu entlassen. Erklären Sie ihnen, dass ihre Dienste nicht mehr benötigt werden, dann kehren sie, zusammen mit den Dämonen, automatisch zu ihrem Erzeuger zurück.

Bei der Auflösung jedweden Zaubers geht die Kraft nach dem Gesetz von Ursache und Wirkung zurück zu ihrem Ausgangspunkt. Deshalb ist es ratsam, viel Liebe, Licht und Vergebung dorthin zu schicken. Denken Sie daran, dass der böse Magier oder die böse Hexe, die Ihnen bzw. Ihrem Klienten einen Fluch oder Sonstiges angetan hat, in diesem Leben ein ganz normaler Mensch sein kann. In der Regel kennen Sie die Person sogar, und sie hat in ihrem jetzigen Leben vielleicht mit Magie und ähnlichen Dingen gar nichts zu tun. Dieser Person ist vielleicht überhaupt nicht bewusst, dass sie irgendwann einmal eine böse Rolle gespielt und Ihnen etwas Schreckliches angetan hat.

Wir alle haben in unseren unzähligen Reinkarnationen böse Rollen gespielt, wir alle waren Täter, bevor wir Opfer wurden, deswegen hat fast jeder sein Päckchen von Dämonen zu tragen, die er irgendwann einmal selbst erschaffen hat und die nur er selbst wieder auflösen kann. Dazu sind Selbstdisziplin und

Selbstkontrolle erforderlich. Erst wenn man bereit ist, die Dinge, die das eigene Leben belasten, anzuschauen und sie zu verändern, kann man sich aus der Opferhaltung befreien und sich für ein besseres Leben entscheiden.

Die verschiedenen Zauber erkennen und lösen

Es gibt verschiedene Zauber, durch welche der Mensch belastet werden kann, welche bewusst, aber auch unbewusst gesetzt werden. Alle Zauber unterscheiden sich in Dauer und Wirkung auf den betroffenen Menschen, je nach Stärke und Absicht. Man unterscheidet sie in: den bösen Blick, Liebeszauber, Verwünschungen, Flüche, Geflüster sowie magische Rituale und Gelöbnisse. Viele Zauber befinden sich gar nicht in unserer Dimension und sind daher nur sehr schwer auffindbar.

Im Folgenden lernen Sie die verschiedenen Zauber genauer kennen und unterscheiden – und erfahren, wie Sie sie auflösen und Betroffene bei der Heilung unterstützen können.

Der böse Blick

Neiden und beneidet werden ist
das meiste Tun auf Erden.

FRIEDRICH VON LOGAU

Den Augen wurde schon in früherer Zeit eine große Bedeutung zugeschrieben. Die alten Ägypter meinten, dass die Augen ein Gefäß der Lebensenergie seien, und man verglich sie mit der Sonne. Bis heute heißt es, die Augen seien Fenster zur Seele. Und viele meinen, dass vom menschlichen Blick etwas ausströme, das man nicht rational erklären kann.

Es gibt Menschen, denen man nicht gern in die Augen schaut, weil sie einen »schweren Blick« haben. Andere haben Augen, aus denen die Sonne scheint. Früher glaubte man, Menschen mit Grauem Star, mit schielenden oder ungleichen Augen hätten den bösen Blick, der Unglück bringt. Auch Personen mit körperlichen oder geistigen Behinderungen oder irgendwelchen äußeren Abweichungen von der Norm – zu dick, zu dünn, zu blass etc. – wurde die Fähigkeit zugeschrieben, anderen Menschen Böses anzuhängen. In einem Punkt hatten sie Recht: nämlich dass der böse Blick aus einem Minderwertigkeitsgefühl heraus entstehen kann.

Neid ist eine Art des bösen Blicks

Der böse Blick wird sowohl bewusst als auch unbewusst eingesetzt, zum Beispiel wenn jemand voller Neid ist und einer anderen Person nichts gönnt. Je nach der Kraft des Täters und dem energetischen Zustand des Opfers kann der böse Blick zwei Stunden bis zu mehreren Wochen wirksam sein. Dann geht er, wie er auch gekommen ist, zurück zur Quelle. Nachdem nur wenige Menschen sich in einem wirklich guten energetischen Zustand befinden und bewusst an ihrem Wohlbefinden arbeiten, sind Schädigungen durch den bösen Blick keine Seltenheit.

Manche Menschen sagen, Neid gebe es im guten und im schlechten Sinne; aber auf der energetischen Ebene macht das kaum einen Unterschied. Neid ist und bleibt ein destruktives Gefühl.

Ist man neidisch, dann freut man sich nicht für jemanden. Man will das, was er oder sie hat, für sich selbst haben. Neid kann auch zur schlechten Gewohnheit werden, und diese Energie führt auf Dauer immer zu einer Schwächung und Zerstörung der Aura, in erster Linie beim Neider selbst.

Fälle von bösem Blick

Als ich siebzehn war, erlebte ich bei der Hochzeit meiner besten Freundin das erste Mal einen klassischen Fall von bösem Blick. Sie war eine sehr hübsche Braut. Wir kamen nach dem Standesamt wieder nach Hause, um dann ins Restaurant zu fahren. Da fing meine Freundin auf einmal an zu zittern; ihre ganze Haut war im Handumdrehen mit hässlichen roten Flecken übersät, sie bekam Fieber und Schüttelfrost. Zum Glück war auch ihre Urgroßmutter dabei, die sofort die Diagnose »böser Blick« stellte.

Ruhig und gelassen holte die Großmama eine Schüssel mit Wasser aus der Küche, außerdem Messer, Gabel, Löffel und Teelöffel. Sie legte das Besteck in die Schüssel, stellte sie auf die Türschwelle und kniete sich selbst auf die andere Seite der Türschwelle. Dann rührte sie mit der Hand in der Schüssel und sagte: »Was über die Schwelle kam, soll über die Schwelle wieder zurückgehen!« Dann wischte sie mit der feuchten Hand über das Gesicht der Braut. Den gesamten Vorgang wiederholte sie insgesamt dreimal.

Nach fünf Minuten war meine Freundin von allen Symptomen des bösen Blicks befreit, und wir konnten sie noch einmal frisch schminken.

Nicht alle bösen Blicke nehmen jedoch einen solchen Verlauf. Die Symptome können vielfältig sein, sie können plötzlich oder nach und nach auftreten, oder es kann wie eine »Pechsträhne« aussehen.

Einer meiner Söhne wurde, als er mit einem Stock neben einen Baum schlug, von zwei Wespen gestochen, während sein Bruder direkt daneben stand, aber in Frieden gelassen

wurde. Ich behandelte ihn mit einem altbewährten homöo-
pathischen Mittel, was aber keine Besserung brachte, im
Gegenteil: Sein ganzer Köper färbte sich in kurzer Zeit rot,
schwoll an und juckte schrecklich – eine starke allergische
Reaktion. Auch weitere Versuche, die Sache mit Homöopathie in den Griff zu bekommen, blieben erfolglos. Mein
Kind schwoll weiter an, und ich spielte schon mit dem Gedanken, ihn ins Krankenhaus zu bringen. Doch dann hatte
ich den Impuls, ihn auf einen Stuhl zu setzen und das Ei
über ihm zu drehen. Die Energie fühlte sich zäh an, und an
manchen Stellen seines Körpers hatte ich das Gefühl, dass
irgendetwas meine Hand bremste. Ich drehte weiter und
sprach Gebete zur Mutter Göttin, ich bat sie meinen Jungen
von dem Bösen zu erlösen, und nach einer Weile begann die
Energie sich immer freier und freier anzufühlen. Mein Gefühl sagte mir deutlich, dass es sich hier um einen Fall von
bösem Blick handelte, was der Muskeltest auch bestätigte.

Danach sangen wir zusammen ein tibetisches Mantra,
um seine Energie zu erhöhen: OM MANI PADME HUM.
Bei Kindern kommen Mantras immer gut an, es fällt ihnen
leichter, ein Mantra 27-mal zu singen, als mehrmals das Vaterunser zu wiederholen. Während des Singens sah ich, wie
das Gesicht meines Sohnes langsam abschwoll, und mit der
Zeit klangen alle Symptome langsam ab.

Weil ich glaubte, etwas Wichtigeres zu tun zu haben,
habe ich den Raum anschließend nicht gleich ausgeräu-

chert. Das hatte Folgen: Am Abend waren in diesem Raum mindestens fünfzig Fliegen, und mein anderer Sohn war so außer sich und machte so ein Theater, dass ich große Mühe hatte, ihn zu beruhigen. Schließlich steckte ich ihn in die Badewanne, gab Salz ins Badewasser und drehte ein Ei über ihm. Das half.

Es gibt aber böse Blicke, die noch viel zerstörerischer sind und nicht nur zu schlechter Laune, Gefühlsschwankungen, Bosheit und Krankheiten, sondern zu Depressionen und Selbstmord führen können. Das sind böse Blicke, die regelmäßig »nachgefüttert« werden. Das passiert, wenn der Neid und die Böswilligkeit einer Person auf eine andere immer größer und schließlich dauerhaft werden.

Schützende Symbole
In Russland tragen viele Menschen eine Sicherheitsnadel an der Kleidung; das schützt vor dem bösen Blick. Die Sicherheitsnadel wird vorher drei Stunden in Weihwasser gelegt und dann vertikal zur Erde, mit dem Verschluss nach oben, verdeckt an der Kleidung angebracht. Wenn die Sicherheitsnadel aufgeht, bedeutet das, dass man einen bösen Blick abbekommen hat; wenn die Nadel verloren geht, zeigt das einen Fluch an.

Wenn in Russland ein Kind auf die Welt kommt, bindet man ihm sofort einen roten Faden aus reiner Wolle oder

Baumwolle um die Hand, den man dreimal verknotet. Wenn der Faden reißt, dann heißt das, dass das Kind einen bösen Blick abbekommen hat. Wenn der Faden aber verloren geht, so bedeutet es, dass das Kind verflucht ist.

Das Kind soll den roten Faden, welcher regelmäßig gewechselt wird, die ersten zwei Lebensjahre tragen, danach kann man auf die Sicherheitsnadel umsteigen.

Ein Kind kann man zusätzlich schützen, indem man eine Glocke an den Kinderwagen hängt, jedoch keinen Spiegel, sonst bringt es nichts. Auch über dem Bett des Babys sollte man ein Glockenspiel befestigen, ebenso im Eingangsbereich Ihrer Wohnung oder Ihres Hauses. Die Glocken ziehen positive Energie an und entstören negative.

Wer schon einmal in der Türkei war, kennt diese Augen aus Glas oder Keramik, die an allen Ecken verkauft werden. Es gibt sie in allen möglichen Größen und Varianten, von ganz kleinen, die an einer Sicherheitsnadel angebracht sind, bis hin zu ganz großen, die man im Eingangsbereich einer Wohnung oder eines Hauses aufhängen kann. Dies schützt vor dem bösen Blick.

In Israel ist es das Symbol einer Hand, das diesem Zweck dient. Man findet sie allerorten in unzähligen Varianten: schlicht oder reich verziert, mit oder ohne Schrift; auf manchen findet sich sogar zusätzlich das Symbol des Auges. Wie auch die türkischen Augen hängt man die Hände im

Haus auf oder trägt sie bei sich. Sie schützen nicht nur vor dem bösen Blick, sondern bringen gleichzeitig Glück.

In der Ukraine werden überall in Souvenirläden kleine Besen verkauft, die neben der Haustür angebracht werden sollen: Sie fegen die bösen Blicke weg und reinigen die Energien im Haus.

Auf energetischen Ausgleich achten

Um böse Blicke und andere schwarzmagische Angriffe abzuwehren, sollte man immer darauf achten, die eigenen Energien auszugleichen und stabil zu halten. Dazu gehören an erster Stelle Gebete, der feste Glaube an Gott, die Engel und den eigenen Schutzengel; positive, liebevolle Gedanken, ausreichend Bewegung an der frischen Luft, vollwertige Ernährung sowie ein gut funktionierender energetischer Schutz (siehe Kapitel »Energiefluss und energetischer Schutzschild«, Seite 176 ff.).

Bei der Ernährung sollten Sie darauf achten, grundsätzlich viel frische Lebensmittel wie Obst und Gemüse zu sich zu nehmen. Trinken Sie außerdem immer ausreichend Wasser, Säfte und Kräutertee. Lebensmittel und Getränke, welche die Energie rauben, sollten Sie meiden. Dazu gehören zum Beispiel Fertiggerichte, fette Speisen, zu viel Süßes, zu viel Fleisch, Weißmehlspeisen, Alkohol und Limonaden. Aber auch Nahrungsmittel, in denen mehr Schadstoffe als Vitamine enthalten sind, sollten möglichst nicht auf Ihrem Speiseplan stehen. Informieren Sie sich am besten in Zeitschriften wie »Stiftung Warentest« oder im Internet.

Wenn Sie Raucher sind, überprüfen Sie bitte Ihre Beweggründe dafür. Ist es die Sucht, die Sie zum Rauchen treibt, oder rauchen Sie aus Genuss und könnten es ebenso gut bleiben lassen? Seien Sie sich bewusst, dass jede Form von Sucht bedeutet, unfrei zu sein. Das macht Sie offener für Manipulationen – und damit für magische Angriffe.

Liebeszauber

Alles, was wir tun, hat eine Folge.

JOHANN PETER ECKERMANN

Der Liebeszauber gehört zur Angriffsmagie. Der Täter will seinen Willen durchsetzen, indem er einen anderen Menschen manipuliert, und handelt somit gegen das göttliche Gesetz des freien Willens.

Die Wirkung eines Liebeszaubers kann ein bis fünfzehn Jahre anhalten, das hängt von der Kraft des Magiers ab.

Die ersten Symptome, die sich bei dem Betroffenen zeigen, sind meist starke Unruhe, massive Schlafstörungen, Erkältungskrankheiten und allergieähnliche Hautausschläge, besonderes im Genitalbereich. Die Person ist sehr gereizt und hasserfüllt gegenüber dem anderen Geschlecht. Wenn derjenige noch in einer Beziehung lebt, wendet er sich ganz plötzlich vom Partner ab. Alle vom Partner ausgehenden Bemühungen, die Beziehung zu retten, scheitern. In vielen Fällen sind auch die Partner betroffen und können beispielsweise krank werden. Typisch sind auch hier schlimme Hautausschläge mit starkem Juckreiz.

Der Betroffene wird dann wie ein Magnet zu der Person hingezogen, von welcher der Liebeszauber ausgeht. Sein Geist ist vernebelt, er erscheint wie in Trance.

Um einen Liebeszauber aufzulösen, ist es empfehlenswert herauszufinden, wie der Zauber gemacht wurde. Zu diesem Zweck kommen wieder das Pendel, der Biotensor oder die Kinesiologie zum Einsatz. Fragen Sie, ob der Zauber mithilfe eines Getränks, eines bestimmten Lebensmittels oder etwas anderem übertragen wurde. Vielleicht kommt Ihnen oder Ihrem Klienten spontan etwas in den Sinn. Fragen Sie auch, ob bei dem Zauber (Menstruations-)Blut, Speichel oder eine Zauberformel verwendet wurden.

Es ist auch möglich, dass ein Liebeszauber verhängt wird, indem ein Foto mit Zauberformeln besprochen und mit Blut gewaschen wird. Im klassischen Fall aber werden Liebeszauber auf ein Getränk übertragen. Am besten eignen sich dafür alkoholische Getränke – ganz besonders Rotwein.

Jede Art von Alkohol, schon in kleinen Mengen, bewirkt, dass der Geist benebelt wird. Der Mensch verliert dadurch den Zugang zu seinem höheren Selbst und öffnet sich für magische Eingriffe sowie den Einfluss niederer Energien.

Um einen Mann zu verzaubern, benutzt man Menstruationsblut, welches dem alkoholischen Getränk beigemischt wird. Danach wird das Ganze mit einer speziellen Zauberformel besprochen. Während der Mann den Trank zu sich nimmt, stellt die Frau ihm irgendwelche Fragen, auf die er dreimal mit »Ja« antworten muss. Mit diesem Trick bekommt sie von ihm das Einverständnis. Er gibt sozusagen sein Okay, dass er verzaubert wird. Danach kann die Frau mit ihm mehr oder weniger machen, was sie will. Und obwohl der Betroffene sich nicht gerade glücklich oder besonderes verliebt fühlt, kann er sich nicht von ihr lösen.

Auch Speisen lassen sich mit einer Zauberformel belegen, wobei süße Speisen besser geeignet sind. Diese Zauber sind nicht so stark wie diejenigen, für die man Blut oder Speichel benutzt, können aber trotzdem bis zu drei Jahren wirken.

Um eine Frau zu verzaubern, kann man den Speichel oder das Blut eines Mannes benutzen, obwohl es nicht so stark wirkt wie Menstruationsblut. (Menstruationsblut ist ein ganz besonderer Saft und besitzt schon ohne jegliche Zauberformeln magische Kräfte.) Deswegen ist es in der Regel bei einer Frau leichter, einen Liebeszauber zu brechen, als bei einem Mann.

Liebeszauber erkennen und lösen

Eine Frau kam wegen eines starken, immer wiederkehrenden Ausschlags und unerträglichem Juckreiz im Genitalbereich zu mir. Sie war bereits bei mehreren Ärzten gewesen, doch keiner hatte ihr wirklich weiterhelfen können. Im Gespräch kam zu Tage, dass sie und ihr Ehemann derzeit ein sehr schwieriges Verhältnis hatten. Sie vermutete, dass die Ausschläge damit zu tun haben könnten. Die Klientin erzählte, dass ihr Mann sich sehr verändert habe. Er sei ständig schlecht gelaunt, schreie sie und die Kinder an, trinke häufig Alkohol und rauche eine Zigarette nach der anderen.

Sie berichtete auch, dass ihr Mann unter Schlafstörungen und Juckreiz am ganzen Körper leide. Die Vermutung lag nahe, dass er mit einem Liebeszauber belegt worden war. So schlug ich meiner Klientin vor, Ihren Mann von dem Besuch bei mir zu erzählen. Der Ehemann war sehr skeptisch, entschloss sich aber dennoch, zu mir zu kommen.

Als er bei mir war, wandte ich als Erstes die Ei-Dreh-Methode an. Das Eigelb war mit einem Schleier bedeckt, von dem ein dicker Faden ausging, an dessen Ende eine Frauengestalt zu erkennen war. Während ich das Ei ansah, überkam mich ein sehr bedrückendes Gefühl. Kinesiologische Muskeltests bestätigten, dass ein Liebeszauber vorlag und dass zu diesem Zweck Glühwein mit Menstruationsblut vermischt worden war. Der Zaubertrank war dem Mann bereits dreimal verabreicht worden und band ihn damit für fünfzehn Jahre an die betreffende Frau. Mein Klient wusste sofort, um welche Frau es sich handelte.

Es sei noch erwähnt, dass die Frau den Zaubertrank nicht selbst zubereitet, sondern ihn professionell hatte herstellen lassen. Trotzdem hat sie das kosmische Gesetz des freien

71

Willens missachtet und wird die Konsequenzen zu tragen haben.

Manchmal kann ein Zauber bereits gelöst werden, indem sich der Betreffende bewusst wird, dass er verhext wurde und von wem. In unserem Fall habe ich den Liebeszauber – mit Unterstützung aus der geistigen Welt – durch eine kinesiologische Sitzung gebrochen. Meinem Klienten empfahl ich, zur Reinigung mindestens neunzig Tage eine fleischlose und alkoholfreie Diät einzuhalten und möglichst mit dem Rauchen aufzuhören. Sein eigener Wille hat ihm die Kraft gegeben, es zu schaffen. Außerdem sollte er sich im Verzeihen üben. Es galt, der Frau zu verzeihen und vor allem sich selbst, was ihm – allerdings mit viel Geduld – auch gelang.

Heute ist er mit seiner Frau wieder glücklich und hat sich von einigen seiner Laster befreit.

Den Zauber zurücknehmen

Ich weiß noch, wie ich selbst einem Jungen einen Liebeszauber angehängt habe. Damals war ich sechzehn und wollte einfach mal ausprobieren, ob das tatsächlich funktioniert. Es hat funktioniert! Ich belegte sein Eis mit einer Zauberformel, die mir meine Freundin zuvor erklärt hatte; dann ging ich ein paar Tage mit ihm aus und hatte schon bald genug von ihm.

Der Junge wurde zu meinem Schatten! Er ging ständig in großem Abstand hinter mir her. In der Diskothek stand er in einer Ecke und starrte mich fortwährend an. Meine Freundinnen und ich lachten über ihn.

Dieses Drama hat sich über ein Jahr hingezogen, dann musste er zum Militär. Bei uns in Russland dauerte der Wehrdienst zwei Jahre, und in dieser Zeit vergaß ich ihn natürlich. Nach zwei Jahren stand er auf einmal wieder vor meinem Haus. In diesem Moment tat er mir sehr leid, und ich fühlte mich schuldig. Ich sagte ihm, dass ich geheiratet hätte (was gar nicht stimmte) und dass er mich nicht mehr verfolgen solle. Er ging ohne ein Wort zu sagen; ich sah ihn nie wieder.

Erst später, als ich mich ernsthaft mit dem Thema »Magie« beschäftigte, wurde mir klar, was ich damals angerichtet hatte. Ich überprüfte sofort, ob der Zauber noch bestand, was aber nicht der Fall war. Da ich ihn nicht mehr aufgefrischt hatte, hatte er sich von allein gelöst. Die Konsequenzen, welche ich in vielen unglücklichen Beziehungen und zwei misslungenen Ehen zu tragen hatte, wurden mir allerdings erst nach und nach bewusst. Das hat mich einiges gelehrt und zu mehr Selbsterkenntnis geführt.

Während ich darüber schreibe, läuft dieser Vorfall vor meinem inneren Auge ab, und ich schicke im Geist viele, viele Herzchen zu diesem Menschen. Ich sage ihm im Geiste: »Es tut mir leid! Damals wusste ich nicht, was ich tat.« Ich habe mir längst dafür verziehen, und ich glaube, dass er mir auch vergeben hat.

▶ Übung

Falls Sie jemandem einen Liebeszauber angehängt haben – leider gibt es ja viele Bücher zu kaufen, in denen die Rezepte beschrieben sind –, so können sie ihn jederzeit wieder auflösen. Das geht so:

Rufen Sie sich den Vorgang in Erinnerung. Seien Sie sich bewusst, dass Sie gegen das kosmische Gesetz des freien Willens gehandelt haben; erkennen Sie es an. Entscheiden Sie sich dafür, sich von jetzt an anders zu verhalten. Denken Sie daran, dass man Liebe nicht erzwingen kann. So eine »Liebe« ist in Wirklichkeit eine Vergewaltigung. Liebe kann nur frei und aus eigenem Willen fließen.

Löschen Sie den Liebeszauber, den Sie gemacht haben, indem Sie sich vorstellen, wie der ganze Vorgang rückwärts läuft, so als ob Sie eine Videokassette zurückspulen. Danach stellen Sie sich die betreffende Person strahlend, zufrieden und gesund vor. Sagen Sie im Geiste zu ihr: »Es tut mir leid, damals wusste ich nicht besser zu handeln.« Verzeihen Sie dann sich selbst. Beachten Sie: Solange Sie noch ein schlechtes Gewissen plagt, haben Sie sich nicht wirklich vergeben, sondern nur im Kopf. In diesem Fall müssen Sie immer noch mit Konsequenzen rechnen. Nur die vollständige Vergebung bewirkt vollständige Erlösung. Machen Sie sich das bewusst und entscheiden Sie sich für Vergebung, Liebe und Selbstliebe.

Schwere Liebeszauber

Ganz schwere Liebeszauber existieren außerhalb von Raum und Zeit; sie lösen sich mit dem Tod des Betreffenden nicht auf, sondern werden in die nächsten Leben mitgenommen. Solche Zauber stehen dann der Liebe im Weg, und die Person kann keine glückliche Beziehung führen. Bei der Auflösungsarbeit mit dem Ei können auch solche Liebeszauber entdeckt werden. Deswegen sollten Sie immer auch fragen, ob der Zauber in dieser Existenz oder in einer früheren entstanden ist und ob er in unserem Raum und unserer Zeit vorhanden ist. Wenn nicht, dann müssen Sie zusätzlich das Band lösen, welches Dämonen um den Täter und sein Opfer gelegt haben. Benutzen Sie dazu die Technik mit der großen, stehenden Dreier-Acht.

Fluch

> *Der Schmerz, der uns zugefügt wird,*
> *ist nicht die schwerste Last des Lebens.*
> *Viel schwerer legt sich eines Tages*
> *auf unsere Schultern der Schmerz,*
> *den wir anderen zugefügt haben.*
>
> HERMANN BANG

Im Gegensatz zu bösen Blicken, Verwünschungen und Geflüster kann ein Fluch ausschließlich von einem professionellen Magier gesetzt werden. Ein Fluch kann also nicht unbewusst oder zufällig entstehen; hier wird einem Menschen absichtlich und zielsicher Schaden zugefügt.

Die Belegung mit dem Fluch wird immer von einem schwarzen Ritual begleitet, in dem bestimmte Gegenstände, Materialien und Zaubersprüche benutzt werden. Sehr oft verwendet der Magier Lebensmittel, alkoholische Getränke, persönliche Dinge der betreffenden Person sowie Haare, Nägel oder Fotos. Das Ritual wird meistens vom Magier selbst durchgeführt, in manchen Fällen aber auch von der Person, die sich an ihn gewendet hat, um jemand anderem zu schaden. In diesem Fall hält sie sich genau an die Instruktionen des Magiers.

Zaubersprüche sind negativ geladene Worte und Sprüche, welche eine gewaltige Wirkung entfalten. Man könnte auch sagen, es sind Gebete zur dunklen Seite hin.

Es gibt Flüche, die nicht sehr lange wirksam bleiben und sich nach einer Weile selbst auflösen, die aber dennoch in jedem Fall Folgen haben, welche über einen längeren Zeitraum hinweg medizinisch und energetisch behandelt werden müssen. Es gibt auch schwere Flüche, welche über viele Existenzen bestehen bleiben können. Und es gibt solche, die vererbt oder mit der Namensgebung weitergereicht werden.

Ein Fluch kann heilbar oder unheilbar sein, wie es auch heilbare und unheilbare Krankheiten gibt. Doch gelingt es manchen Menschen, eine unheilbare Krankheit zu besiegen. Und genau das Gleiche gilt für den Fluch. Wenn ein Mensch einen Fluch auflösen will und alles dafür tut, was in seiner Macht steht, dann wird er es auch schaffen.

Ein Fluch bringt in der Regel zahlreiche Krankheiten und Leiden mit sich, deren Ursache nicht auffindbar ist. Die betroffenen Menschen laufen in der Regel von einem Arzt zum anderen, aber keiner kann ihnen helfen. Auch alternative Behandlungsmethoden bleiben bei einem Fluch erfolglos. Manchmal tritt zwar tatsächlich eine Besserung ein, aber die Symptome kommen immer wieder.

Die schwarze Krankheit besiegen

In Russland wird dieser Zustand als »schwarze Krankheit« bezeichnet. Diese kann sich auf vielerlei Arten ausdrücken und sich auch immer wieder verändern; sie kann sich in körperlichem oder auch seelischem Leid abzeichnen. Im letzteren Fall verschließt sich der Mensch; er verliert das Interesse am Leben, bekommt Depressionen, trauert grundlos. Sogar seine Lieblingsbeschäftigungen bescheren ihm keine Zufriedenheit und emotionale Aufhellung. Er trägt das Gefühl von einer Schwere in sich; alles erscheint ihm grau und unbedeutend, bis er nur noch einen Wunsch hat: sein Leben zu beenden. Typisch ist hier ein autoaggressives Verhalten wie Süchte aller Art oder dass sich derjenige selbst körperliche Verletzungen zufügt.

Mit der Ei-Dreh-Methode können wir nicht nur in diesem Leben gesetzte, sondern auch aus einer früheren Existenz mitgebrachte Flüche entlarven. Fast alle Flüche, die ich bis jetzt aufgelöst habe, waren aus Raum und Zeit entfernt worden. Um sie aufzulösen, soll man zuerst, wie bereits beschrieben (siehe Seite 50), eine große stehende Dreier-Acht in die Luft zeichnen und den Betroffenen hineinstellen, um den Fluch wieder in unseren Raum und unsere Zeit zu holen, damit man ihn überhaupt auflösen kann. Sobald Sie die Dreier-Acht gezeichnet haben, befindet sich der Fluch genau dort. Indem der Betroffene sich in das Symbol stellt, verbindet er sich auf allen Ebenen mit diesem Fluch. Er empfindet dabei in aller Regel ein sehr unangenehmes Gefühl von Schwere, was gleichzeitig die Bestätigung ist, dass der Fluch da ist. Diese Schwere kann während der gesamten Auflösungsarbeit bestehen bleiben. Danach entsteht ein Gefühl der Befreiung und der Leichtigkeit. Tritt dieses Gefühl nicht ein, dann ist der Fluch noch nicht vollständig gelöst.

Wie man Dämonen loswird

Mit einem Fluch wird eine schwarze Wolke erschaffen, die dann über dem Betroffenen hängt und sein Leben verdunkelt. Diese schwarze Wolke entwickelt sich zu einem niederen Wesen, dem Dämon, der bei jeder sich bietenden Gelegenheit versucht, diesen Menschen unter seine Kontrolle zu bringen, ihn zu manipulieren und negativ zu programmieren.

Es reicht oft nicht aus, die Dämonen wegzuschicken. Manche Heiler machen – meist aus Unwissenheit – den Fehler zu versuchen, die Dämonen ins Licht zu schicken. Doch diese können nicht ins Licht gehen: Sie können den Anblick des Lichtes nicht ertragen, weil sie aus den dunklen Gedanken und Taten der Menschen erschaffen sind. Sie repräsentieren die andere Seite in unserem dualen Universum. Und diese dunkle Seite kann man nicht einfach ins Licht befördern, auch wenn uns das sehr lieb wäre. Nichtsdestoweniger ist es immer gut, alles und jeden – auch

Dämonen – liebevoll zu behandeln. Liebe wirkt befreiend und auflösend, denn die Liebe ist die stärkste Kraft im Universum.

Dämonen kann man nur mit Disziplin, festem Willen und der Bereitschaft, sein Leben zum Besseren zu verändern, loswerden. Das kann ein langwieriger Prozess sein, der sich jedoch sehr positiv auf die geistige Entwicklung eines Menschen auswirkt.

Wenn die Dämonen keinen Anlass mehr haben, bei einer Person zu bleiben, da sie nicht mehr durch destruktive Emotionen und Taten gestärkt werden, verlassen sie denjenigen. Dann ist nicht nur der Mensch frei, sondern auch der Dämon bekommt die Chance, sich zu transformieren. Paulo Coelho beschreibt es sehr anschaulich in seinem Roman *Der Dämon und Fräulein Prym*: Auf der einen Seite steht ein Dämon und versucht den Menschen in seine Gewalt zu bringen, und auf der anderen Seite steht der Schutzengel und versucht, seinen Schützling zu retten. Der Mensch muss sich nur entscheiden, welche Seite er stärken will: die dunkle oder die lichtvolle.

Wächter

Wir leben in einem dualen Universum. Das heißt, alles hat eine Kehrseite, und alles ist in ständigem Ausgleich begriffen. Wer sich mit der Auflösung von schwarzer Magie und Besetzungen befasst, sollte sich zuerst mit den Gesetzen des Universums beschäftigen (siehe Seite 206 ff.). Denn nur auf diesem Weg kommt man zu harmonischen Lösungen.

Bei einem Fluch entsteht ein Band, welches die Dämonen dann auch zwischen Täter und Opfer (das kann sogar eine Gruppe von Menschen sein) knüpfen. Um einen Fluch zu bewachen, werden Wächter erschaffen. In der Regel sind es vier Wächter, welche – wie schon erwähnt – in den vier Himmelsrichtungen platziert werden. Die Wächter gehören zu den niederen Elementalen, welche nicht, wie wir Menschen, über einen freien Willen verfügen, sondern nur eine ihnen bestimmte Aufgabe haben, welche in diesem Fall lautet, den Fluch zu bewachen. Überprüfen Sie daher beim Auflösen von Flüchen, ob ein Band und Wächter da sind. Wenn ja, denken Sie daran, die Wächter zu entlassen. Lösen Sie das Band, indem Sie sich vorstellen, wie Sie die Ketten, von welchen Sie (bzw. Ihr Klient) in diesem Fluch gehalten werden, zerreißen. Diese lösen sich dann in Nichts auf.

Ein Fluch kann vererbt werden

Flüche können auch vererbt werden. Deswegen ist es wichtig, immer auch diesen Aspekt abzufragen, bevor Sie zur Auflösung übergehen. Besonders leicht kann ein Fluch über den Namen vererbt werden. Das kann der Familienname sein, aber auch der Vorname, wenn er über mehrere Generationen weitergegeben wird – wenn zum Beispiel schon der Urgroßvater Hans-Peter hieß, ebenso der Großvater, der Vater und der Sohn. Für Frauen gilt natürlich das Gleiche. Interessant ist hier oft zu beobachten, dass die Eltern umso hartnäckiger auf dieser Familientradition bestehen, je schwerer ein Fluch ist.

Dennoch brauchen Sie keine Angst zu haben, wenn Sie nach Ihrer Großmutter oder Ihrem Großvater benannt sind. Die Namen können entstört werden. Zeichnen Sie zuerst eine stehende Dreier-Acht, setzen Sie sich oder die betreffende Person genau an dieser Stelle auf einen Stuhl. Nehmen Sie wieder das Ei, welches sich bereits in dem halb mit Wasser gefüllten Glas befindet, drehen Sie es über der Person, während Sie ein Gebet sprechen, beispielsweise das »Mutterunser« (Seite 52) oder das »Vaterunser«. Danach sprechen Sie dreimal laut den Namen dieser Person aus, und dann sagen Sie: »Liebe Göttin/lieber Gott, bitte entstöre den Namen . . . . und befreie dieses Kind deiner Schöpfung von dem Bösen.«

Zum Schluss sprechen Sie noch zweimal ein Gebet. Während der ganzen Zeit wird das Ei über dem Kopf gedreht, wobei Sie sich bildlich vorstellen, wie die dunkle Energie den Menschen verlässt und in das Ei eingesaugt wird. Zum Schluss wird das Ei von dem Betroffenen wie gehabt in die Toilette gekippt und heruntergespült. Handelt es sich um ein Kleinkind oder einen kranken Menschen, so machen Sie es selbst mit den Worten: »In Gottes Namen befreie ich (Name der Person) von dem Bösen. OM SHANTI. (Oder: AMEN.) Sie können Ihre eigenen Gebete oder heiligen Silben benutzen; wichtig ist nur, dass Sie klar und bei sich bleiben, was immer Sie gerade tun.

Verwünschungen

> *Worte sind wie Vögel. Hat man sie einmal*
> *losgelassen, kann man sie nicht mehr einfangen.*
>
> SPRUCHWEISHEIT

Verwünschen kommt von »wünschen«. Verwünschungen entstehen, wenn man jemandem mit ganzer Kraft etwas Schlechtes wünscht und es laut ausspricht. Ganz normale Menschen können Verwünschungen ausstoßen, man muss dazu kein Magier sein.

So einfach kann schwarze Magie praktiziert werden – man braucht nur bestimmte Worte auszusprechen. Diese Worte bleiben haften und erschweren das Leben – nicht nur desjenigen, an den sie gerichtet sind, sondern auch desjenigen, der sie ausgesprochen hat. Verwünschungen sind so lange wirksam, wie der Groll und der Hass ihres Erzeugers bestehen.

Wie oft verwünscht man jemanden im Affekt, beschimpft ihn mit schlimmen Worten, wünscht ihm Unheil und sogar den Tod. Danach grollt man oft sehr lange – manchmal ein Leben lang! – und kann demjenigen und auch sich selbst nicht verzeihen.

Verzeihen ist hier die heilende Energie. Ohne zu verzeihen können wir uns nicht von dem Zauber befreien. Dann bleiben wir in alle Ewigkeit in Hass und Selbstmitleid gefangen und sind so ein willkommenes Fressen für die niederen Geister und Dämonen, welche uns dann weiter zum Wahnsinn treiben.

Wer nicht vergeben kann, ist eine sichere Zielscheibe für Energievampire.

Bitte überprüfen Sie möglichst immer Ihre Gedanken und Worte: Was wünschen Sie anderen, und vor allem was wünschen Sie sich selbst? Denn man kann auch sich selbst Verwünschen, und diese Magie ist dann viel schwerer zu lösen, weil sie stärker haften bleibt. Die gegen einen selbst gerichteten Verwünschungen können großen Schaden anrichten. Sie zu lösen, kostet oft ungeheure Anstrengung. Denn man muss dabei sich selbst vergeben, und man muss lernen, sich zu lieben und zu akzeptieren, wie man ist.

Wenn man sich selbst verwünscht, verleugnet man das Göttliche in sich, man wendet sich der Dunkelheit zu, und die wartet nur darauf, neue Mitglieder zu gewinnen. Und je länger man in der Dunkelheit verweilt, desto stärker legen die Dämonen ihr magisches Band um die Menschen, welches mit der Zeit immer schwerer zu sprengen ist.

Wenn Sie Verwünschungen auflösen: Suchen Sie nach dem Band, denn es muss unbedingt entfernt werden. Vergessen

Sie auch die Wächter nicht. Wie bei einem Fluch müssen sie liebevoll angesprochen und entlassen werden.

Bitte versuchen Sie sich Ihrer Gedanken und Worte bewusst zu werden. Übernehmen Sie die Kontrolle und damit auch die Verantwortung. Wenn Ihnen aber ein Wort »zu viel« herausgerutscht ist oder Sie sogar jemanden beschimpft haben, dann ist es das Beste zu sagen: »Es tut mir leid.« Ist das aus irgendeinem Grund nicht möglich, dann tun Sie es im Geiste. Stellen Sie sich die Person vor, schicken Sie ihr Liebe und Licht und sagen Sie: »Es tut mir leid.« Und vergessen Sie nicht, sich gleichzeitig selbst zu vergeben! Sagen Sie sich außerdem: »Beim nächsten Mal werde ich anders handeln.« Entscheiden Sie sich dafür! Wählen Sie liebevolle und positive Gedanken. Achten Sie darauf, dass nur gute Worte Ihren Mund verlassen. Wünschen Sie niemals jemandem etwas, das Sie sich selbst nicht wünschen würden.

Achten Sie auf die parasitären Wörter; gewöhnen Sie sich daran, sie nicht zu benutzen – egal in welcher Situation. Das Wort »Scheiße« ist mittlerweile zum meistgesprochenen Wort geworden. Erwachsene und Kinder in jedem Alter benutzen es mehrmals täglich; es ist zur Normalität geworden. Aber wissen Sie, dass die Fluchworte Mantras und Gebete des Teufels sind? Denken Sie einmal darüber nach.

Fällt Ihnen das Vergeben sehr schwer, oder ist es Ihnen gar unmöglich, weil der Schmerz über das, was war, noch tief in Ihrem Inneren sitzt, dann klären Sie die karmischen Verbindungen. Dies kann durch eine kinesiologische Sitzung, eine Rückführung oder eine Familienaufstellung geschehen. Vergebung ist für manche Menschen ein schwieriges Kapitel (siehe Seite 190 ff.). Gebete können dabei helfen. Es ist absolut unwichtig, in welcher Sprache Sie beten und welcher Glaubensrichtung Sie angehören – alle Gebete werden erhört. Falls Sie kein Gebet kennen, benutzen Sie einfach Ihre eigenen Worte. Hauptsache, es kommt von Herzen!

▶ ÜBUNG ·

MEDITATION ZUR BEFREIUNG VON VERWÜNSCHUNGEN

Wählen Sie eine Zeit und einen Ort, wo sie nicht gestört werden. Setzen oder legen Sie sich mit gerader Wirbelsäule bequem hin. Wenn Sie so weit sind, atmen Sie tief ein und konzentrieren Sie sich auf das Fließen des Atmens. Projizieren Sie sich dann in Gedanken auf eine wunderschöne grüne Wiese, auf der Sie sich sicher und wohl fühlen.

Rufen Sie Ihren Schutzengel an. Bitten Sie ihn, bei Ihnen zu sein und Sie zu unterstützen.

In der Nähe sehen Sie einen kleinen Wasserfall, welcher in einen idyllischen kleinen See fließt. Gehen Sie dorthin und steigen Sie in das Wasser, das sich angenehm warm anfühlt. Sie schwimmen ein paar Runden und stellen sich so intensiv wie möglich vor, wie das Wasser Ihren ganzen Körper entspannt.

Dann schwimmen Sie zu dem Wasserfall und stellen sich unter das fließende Wasser, sodass Ihr ganzer Körper benetzt wird. Das Wasser fließt stetig und kraftvoll und reinigt Sie von allen alten Programmen, die Sie heute nicht mehr brauchen. Sagen Sie sich: »Das Wasser reinigt meinen Geist und meinen Körper. Das Wasser befreit mich von schwarzer Magie, Krankheiten, Schmerzen, dunklen Gedanken und schlechten Angewohnheiten. Das Wasser reinigt und befreit mich von allen destruktiven Glaubenssätzen.«

Stellen Sie sich dann vor, wie das Wasser durch Ihren Körper fließt und dort jede einzelne Zelle reinigt. Sagen Sie sich immer wieder, dass das Wasser Sie von allem Dunklen befreit. Sehen Sie, wie schmutzige Energie aus Ihrem Körper geschwemmt wird, und machen Sie so lange weiter, bis Sie sich ganz rein fühlen. Dann verlassen Sie den Wasserfall, kehren auf die grüne Wiese zurück und sagen sich: »Von diesem Moment an werde ich frei, glücklich und gesund sein.«

Bedanken Sie sich bei Ihrem Schutzengel für die Unterstützung.

Sie können diese Meditation so oft wiederholen, wie Sie sie brauchen. Übrigens ist sie auch sehr wirkungsvoll, wenn Sie sie unter der Dusche praktizieren.

Geflüster

*So wie es vorkommen kann, dass ein gutes
Pferd einmal stolpert, kann es vorkommen,
dass der Mensch einmal irrt.*

FRIEDRICH RÜCKERT

Geflüstermagie kann bewusst und unbewusst entstehen.
Geflüster kann einerseits von professionellen Magiern eingesetzt werden. Hier werden einem Menschen im Vorbei-
gehen hinter seinem Rücken bestimmte Worte zugeflüs-
tert. Oft sind es spezielle Zauberformeln, ähnlich wie beim
Fluch. Dabei wird ihm Energie abgezogen, was ihm körper-
liches und seelisches Leid bereiten kann. Dieser Zauber
kann nur aus der jetzigen Existenz stammen, er wird nicht
von einem zum nächsten Leben mitgenommen.

**Manch ein Geflüster kann über viele Jahre bestehen blei-
ben, in bestimmten Fällen sogar ein Leben lang. Das hängt
von dem betroffenen Menschen ab, vor allem davon, wie
weit er bereit ist, an sich zu arbeiten, sich in seinem Leben
von solchen destruktiven Einwirkungen zu befreien und
der Selbstliebe zuzuwenden.**

Geflüstermagie können auch normale Menschen »unbewusst« ausüben. Wenn man jemanden nicht leiden kann, passiert es, dass man etwas hinter seinem Rücken flüstert: »Du Depp!« oder »Du blöde Kuh!«; »Verrecken sollst du!« usw.

Für Menschen, die sich bereits in einem schwachen energetischen Zustand befinden, kann das üble Folgen haben: Durch das Geflüster wird die Energie abgezogen, was zur Entstehung von Löchern in der Aura führt, und einen anfällig für Pech, Krankheiten und Besetzungen macht. Besonders anfällig für Geflüster und andere schwarze Magie sind Menschen, die keinen ausreichenden energetischen Schutz haben, also diejenigen, die sich nicht lieben und anerkennen und die sich selbst zerstören, zum Beispiel durch Süchte sowie destruktive Gewohnheiten und Verhaltensmuster. Außerdem solche Menschen, die anderen Leid zufügen mit ihren Taten, Worten und Gedanken; Menschen, die nicht ehrlich zu sich und zu anderen sind und die nicht vergeben können und wollen. Durch ihr Verhalten machen sie sich angreifbar.

Leider befinden sich die meisten Menschen in einem schlechten energetischen Zustand, denn nur wenige sind sich darüber im Klaren, welche Folgen eine destruktive Lebensweise in dieser wie auch in der nächsten Existenz haben kann.

Der Täter bleibt nicht verschont

Nach dem kosmischen Gesetz von Ursache und Wirkung bleibt auch der Täter nicht verschont: Seine Aura wird schwach und bekommt Risse und Löcher; es gesellen sich destruktive Wesen zu ihm, die man dann als Besetzung (siehe Seite 102 ff.) bezeichnet. Wenn man also jemanden beschimpft, schadet man an erster Stelle sich selbst.

Professionelle Magier vermögen hier dem Schicksal scheinbar ein Schnippchen zu schlagen, denn sie können ihre Sünden einer anderen Person aufladen oder die von ihnen ausgeführten dunklen Zauber aus Raum und Zeit entfernen, aber früher oder später kommen ihre Taten ans Licht, und sie bekommen die Rechnung präsentiert. Auch sie werden also die Suppe auslöffeln, die sie sich einge-brockt haben, wie jede Seele in unserem Universum.

Bei meinen Seminaren und auch in Einzelsitzungen sind die Menschen oft höchst erstaunt, wenn ich sie darüber auf-kläre, welchen Schaden man mit einem unbedachten Wort verursacht, selbst wenn man das Wort nur geflüstert hat. Oft höre ich dann Einwände: »Ich habe es doch gar nicht so gemeint! Das ist mir im Affekt herausgerutscht. In Wahrheit würde ich demjenigen niemals etwas Schlechtes tun.«

Das Problem ist, dass Energie niemals verloren geht. Was Sie in die Welt gebracht haben, verschwindet nicht einfach wieder. Wir können die Zeit nicht zurückdrehen. Aber eines können wir auch in diesem Fall tun: uns selbst vergeben, unseren Frieden mit der (negativen) Situation schließen und all jenen vergeben, die mit dieser Situation etwas zu tun haben. Wenn wir das Ganze als Chance sehen, um spirituell zu wachsen, dann können wir uns sogar bei diesen Menschen bedanken. So löst man sein Karma aus und heilt sich und die Welt.

Geflüster auflösen

Als ich noch zur Schule ging, gab es in unserer Klasse ein Mädchen, das nicht besonders hübsch und klug war und außerdem einen strengen Körpergeruch hatte. Wir anderen Kinder haben sie immer verspottet und waren oft grausam zu ihr. Wir haben immer wieder hinter ihrem Rücken geflüstert und ihr damit unbewusst Energie abgezogen. Unbewusst, aus der Gruppendynamik heraus, haben wir damit schwarze Magie ausgeübt.

Ich denke, dass viele Menschen ähnliche Erlebnisse hatten, nicht nur in der Kindheit. Sollten Sie sich jetzt, da Sie dies lesen, an eine derartige Geschichte erinnern, so können Sie Folgendes tun:

▶ **Übung**

Stellen Sie sich die Person, der Sie ein Geflüster angehängt haben, vor, schicken Sie ihr Energie in Form eines Regenbogens oder bunter Sternchen. Stellen Sie sich diese Person schön, strahlend und gesund vor. Senden Sie ihr ein ehrlich gemeintes

»Es tut mir leid«, und vergeben Sie schließlich sich selbst. Die betreffende Person wird Ihre Entschuldigung auf jeden Fall empfangen, egal ob sie noch lebt oder bereits tot ist. So befreien Sie sich selbst von der Schuld, die Sie vielleicht schon sehr lange belastet. Wenn es aus irgendeinem Grund nicht klappt, probieren Sie es noch einmal, und bitten Sie den Engel der Vergebung um Unterstützung.

Negative Gewohnheiten ablegen

Auch sich selbst kann man beflüstern, was meist unbewusst geschieht, zum Beispiel während man irgendetwas tut, das nicht so recht gelingen mag: »Ich bin ja so blöd!«; »Hol mich doch der Teufel ...!« usw. Dadurch gibt man Energie an Dämonen und ähnliche niedere Wesen ab. Sich selbst (aber auch andere) negativ zu beflüstern, ist bei vielen Menschen zu einer schlechten Gewohnheit geworden. Leider üben sie damit schwarze Magie aus, auch wenn es gar nicht ihre Absicht ist. Die negativen Folgen haben sie dennoch zu tragen.

Um sich von solchen destruktiven Gewohnheiten zu befreien, muss man sich ihrer erstens bewusst werden, braucht zweitens die Bereitschaft, sie zu verändern und drittens den festen Willen dazu.

Wachsamkeit ist ein tatkräftiges Instrument, welches Ihnen bei diesem Unterfangen helfen wird. Eine weitere wesentliche Hilfe bieten auch hier Gebete – zu Gott, Göttin, Engeln oder Licht, je Glauben. Wohltuend und sehr wirksam können auch Mantras sein, welche man in Gedanken oder noch besser laut singt oder rezitiert.

Ein wunderschönes Mantra, das man sich leicht merken kann, ist: OM SHANTI SHANTI SHANTI. Es zieht mehr Licht zu Ihnen hin. Ein Mantra soll man am besten (mindestens) 9-, 18- oder 27-mal rezitieren oder singen; die Mönche rezitieren ein Mantra in der Regel sogar 108-mal. Spüren Sie einfach in sich hinein, wie viele Wiederholungen für Sie richtig sind. Ich bin mir sicher, das Mantrarezitieren wird Ihnen gefallen!

Geflüster und Verwünschungen

Oft werde ich gefragt, wie sich Geflüster und Verwünschungen voneinander unterscheiden, denn beide werden einfach ausgesprochen – das eine laut, das andere leise. Eine eindeutige Unterscheidungsmöglichkeit scheint es vordergründig nicht zu geben. Jedoch habe ich in meiner Arbeit festgestellt, dass man es entweder mit Verwünschungen *oder* mit Geflüster zu tun hat. Offenbar gibt es hier auf energetischer Ebene klare Unterschiede, welche diese beiden destruktiven Zauber voneinander abgrenzen.

Magische Rituale und Gelöbnisse

> *Die Macht der Bösen lebt*
> *von der Feigheit der Guten.*

DON BOSCO

Rituale können eine tief greifende Wirkung auf den Menschen entfalten – und deshalb über Raum und Zeit hinaus, von Leben zu Leben fortwirken, bis sie endlich aufgelöst werden. Die Tatsache, dass sie außerhalb von Raum und Zeit verbleiben können, erschwert wesentlich ihr Auffinden.

Die Ei-Dreh-Methode kann dabei helfen, solche versteckten Rituale sichtbar zu machen, und sie letztendlich auflösen. Dabei ist es nützlich, so viele Informationen wie möglich über das Ritual herauszufinden. Das kann man zum Beispiel erfolgreich mit einer psycho-kinesiologischen Sitzung oder auch durch Reinkarnationstherapie. Häufig können sich die Betroffenen aber auch »einfach so« erinnern; dazu sind manchmal nur ein paar Informationen nötig, und schon wird die Erinnerung ausgelöst. In vielen Fällen ist diese eher in Form eines Gefühls vorhanden – und nicht, wie oft erwartet wird, als eine Art Film, in dem das gesamte Geschehen festgehalten ist. Doch nur wenige Menschen sind überhaupt fähig, Bilder aus früheren Existenzen zu empfangen. Dies erfordert außerdem einige Übung sowie das Vertrauen, dass das, was man sieht, tatsächlich der Realität entspricht. Wichtig ist in jedem Fall, die Erinnerung, in welcher Form sie sich auch zeigen mag, neutral zu betrachten und nicht zu bewerten oder gar zu verurteilen. Denn dann mischt sich der Verstand ein, was die Wahrnehmung in der Regel erschwert oder verzerrt. Es ist daher ratsam, mit einem professionellen Begleiter zusammenzuarbeiten, welcher mühelos eine neutrale Position einnehmen kann.

Je mehr Sie über den grundsätzlichen Ablauf solcher Rituale wissen, desto einfacher ist es, sie zu entdecken und aufzulösen. Ich empfehle Ihnen wie immer den kinesiologischen Muskeltest, um die Details abzufragen. Denken Sie gerade auch im Fall von magischen Ritualen an die geistigen Helfer. Wenden Sie sich vertrauensvoll an Sie, und Sie können sich Ihrer Hilfe sicher sein.

Die Sündenbock-Praxis

Schwarze Rituale sind Bestandteil schwarzer Messen, in deren Verlauf das ausgewählte Opfer meist den Tod findet – in manchen Fällen auch erst danach. Bei solch einem Ritual sind immer Dämonen im Spiel, welche ein magisches Band spinnen, das Opfer und Täter gleichermaßen einbindet. Solch ein Band kann über viele Leben hinaus bestehen bleiben, bis es endlich gelöst wird. Dies ist nicht ganz leicht, da es in der Regel ebenfalls außerhalb von Raum und Zeit existiert. Außerdem postieren die dunklen Mächte ihre Wächter um das magische Band, was es schwierig macht, es aufzuspüren.

Auch professionelle Magier wissen um die Gesetze des Universums; ihnen ist bewusst, dass alles Übel, das sie in die Welt setzen, irgendwann auf sie zurückkommt. Um dem zu entgehen, projizieren sie die Sünden auf jemanden, den sie als Sündenbock ausgewählt haben. Dafür wird ein Gegenstand – etwa ein Edelstein – oder ein kleines lebendes Tier wie eine Maus oder eine Ratte mit der Schuld beladen und dann dem Opfer »implantiert«.

Manchmal kommt diese Praxis zu Tage, wenn man in früheren Existenzen nachforscht: In einem magischen Ritual wird einem Menschen ein Organ entnommen und an dessen Stelle das »Implantat« zusammen mit der Schuld eingesetzt. Die Dämonen sorgen dann dafür, dass dieser Vorgang aus Raum und Zeit entfernt wird, sodass der Betroffene in seinen späteren Existenzen keine Chance hat, an die Information heranzukommen, um den Zauber zu brechen. In meiner Auflösungsarbeit habe ich schon viele solche Fälle entdeckt. Man kann die Magie auflösen, indem man das »Implantat« mithilfe geistiger Chirurgie entfernt.

▶ **Übung · Geistige Chirurgie**
Um geistige Chirurgie durchzuführen, soll der Betroffene sich am besten hinlegen und entspannen. Dazu können Sie zum Beispiel langsam von zehn bis eins rückwärts zählen, während die

Person sich auf eine wunderschöne Wiese projiziert, wo sie sich geborgen, sicher und geliebt fühlt.

Sorgen Sie für eine ruhige und angenehme Atmosphäre, und schalten Sie das Telefon ab. Bitten Sie Gott oder Göttin um Hilfe, und laden Sie die Schutzengel zur Unterstützung ein. Hüllen Sie sich und Ihren Klienten in goldenes Licht. Versichern Sie ihm, dass er von der geistigen Welt beschützt und bewacht wird und dass ihm nichts passieren kann. Er soll sich von seinem Gefühl leiten lassen, während Sie ihn durch den Vorgang begleiten.

Der Klient weiß meistens spontan, welches Organ entnommen wurde, um an seine Stelle das »Implantat« zu setzen. Wenn er es nicht spontan weiß, können Sie es kinesiologisch abfragen.

Unter Ihrer Anleitung stellt der Klient sich vor, wie er seinen Körper an der entsprechenden Stelle mit einem goldenen Skalpell aufschneidet, um das »Implantat« zu entfernen. Das ursprünglich entnommene Organ wird wieder an seinen Platz getan und die Wunde mit einem goldenen Faden zusammengenäht. Danach soll der Klient den Bereich mit goldenem Licht umhüllen und sich vorstellen, wie die Narbe verschwindet und das Organ wieder einwandfrei arbeitet. Falls es sich bei dem entnommenen »Implantat« um einen Gegenstand handelt, soll er ihn in ein Päckchen legen und folgende Adresse daraufschreiben: »Zurück an den Absender, mit Liebe, Licht und Vergebung«. Dann soll er das Päckchen in den Weltraum schleudern. Falls es ein Tier ist, soll er es ins Licht entlassen. Gibt es hier Schwierigkeiten, so bitten Sie die Engel, das Tier zu begleiten.

Zum Abschluss bedanken Sie sich bei Gott oder Göttin und natürlich bei den Engeln und geistigen Helfern für die Unterstützung.

Nierenbeschwerden durch magisches Ritual
Eine Frau hatte immer wiederkehrende Schmerzen in der rechten Niere. Sie suchte viele Ärzte auf, man fand jedoch keine Ursache dafür. Sie konsultierte auch mehrere Psychologen, was aber ebenfalls zu keinem Ergebnis führte. Sogar mit einer Rückführungstherapie versuchte sie das Problem zu lösen, obwohl sie, wie sie mir erklärte, gar nicht an Reinkarnation glaubte. Eine Freundin empfahl ihr, zu mir zu kommen. Die Frau sagte mir gleich, dass sie sehr bodenständig sei und nicht, wie sie es ausdrückte, an »Hokuspokus« glaube.

Die Ei-Dreh-Methode ließ auf schwarze Magie schließen; der Muskeltest ergab ein »Implantat« in der rechten Niere. Ich bat die Frau, die Augen zu schließen und in sich hineinzuhorchen. Dabei erklärte ich ihr, dass sie in einem früheren Leben als Sündenbock ausgewählt worden sei, wofür ihr damals die rechte Niere entnommen wurde. Die Frau fing an zu weinen und sagte, dass sie sich daran erinnern könne. Sie wusste auf einmal, dass das Implantat ein lebendiger, nur etwas betäubter Marder war. Sie sah auch den Magier, der ihr das angetan hatte, und dass sie das magische Ritual damals nicht überlebte.

Wir entließen das Tier, und die Frau nähte sich ihre Niere mit geistiger Chirurgie wieder ein. Danach musste sie üben, nicht nur dem Magier, sondern auch sich selbst zu verzeihen. Das hat allerdings eine Weile gedauert. Doch seitdem ist sie ihre Nierenbeschwerden los.

Die Macht von Gelöbnissen

Bei magischen Ritualen werden oft auch Gelöbnisse gemacht. Der Magier zwingt die betreffende Person dazu, diese feierlich auszusprechen, indem er sie gezielt manipuliert. Das Gelöbnis wird dann aus Raum und Zeit entfernt und übt so über viele Existenzen Macht über einen Menschen aus, da es wie eine Programmierung wirkt. So kann es passieren, dass die Bemühungen einer Person, ihr Leben zum Besseren zu verändern, einfach nicht gelingen wollen. Der Betreffende hat dann das Gefühl, dass ihn etwas stetig bremst und immer wieder zurückwirft.

Nachdem das Gelöbnis aufgelöst wurde, fühlt derjenige sich, als ob man ihn von einer schweren Last befreit hätte; Ängste und Zwänge verschwinden, er kann sich weiterentwickeln und das Leben endlich wieder in vollen Zügen genießen.

In meiner Tätigkeit habe ich Gelöbnisse entdeckt wie:

- Ich darf nie wieder heilen.
- Ich darf niemals hellsehen.

- Ich darf niemals meine Fähigkeiten benutzen und Erfolg haben.
- Ich darf nie wieder gesund werden.
- Nur mit dir (einer bestimmten Person) kann ich in einer Partnerschaft leben.
- Ohne dich (eine bestimmte Person) werde ich niemals glücklich.

Gelöbnisse und Glaubenssätze

Gelöbnisse unterscheiden sich von negativen Glaubenssätzen insofern, dass Gelöbnisse feierlich in einem Ritual ausgesprochen werden. Daher haben sie große Kraft und können nicht einfach wieder abgelegt werden. Alles, was im Rahmen eines Rituals geschieht, hat eine verstärkte Wirkung. Diesen Effekt kann man nutzen, indem man zum Beispiel auch ein Ritual einsetzt, um die schwarze Magie wieder aufzulösen. Man kann sich ein Ritual ausdenken, welches die lang bestehenden Gelöbnisse bricht. Es ist vorteilhaft, wenn man danach ein neues, positives Gelöbnis ausspricht, zum Beispiel: »Ich gelobe feierlich, dass ich mein Leben ab sofort in vollen Zügen genießen werde und allgemeinen Wohlstand genieße.«

Besetzungen

> *Die Unzufriedenheit ist die unscheinbarste,*
> *aber fleißigste Gehilfin des Teufels.*

MARA JOSWICH

Süchte können einen beherrschen, schwach und abhängig machen, sodass man nicht mehr sich selbst gehört. Man hat dann sein Leben nicht mehr unter Kontrolle, denn man lebt in einer Art Trance. Oft fällt es den betreffenden Menschen schwer, aus diesem Dilemma herauszukommen, weil sie von Wesen beherrscht sind, welche zum Auftrag haben, sie noch mehr in den Wahnsinn zu treiben.

Diese Wesen heften sich, falls ihnen der Zugang gewährt wird, wie Parasiten an lebende Personen und deren Energie und können damit deren körperliche und emotionale Gesundheit ernsthaft gefährden. Solche Besetzungen durch Energievampire sind weit verbreitet.

Es gibt verschiedene Arten solcher niederen Wesen. Diejenigen, die sich zum Beispiel von negativen Emotionen wie Wut, Hass, Eifersucht, Groll etc. ernähren, warten nur darauf, dass der Mensch emotional entgleist, um sich in einem solchen Moment an ihn zu hängen. Emotionen dieser Art sind für solche Wesen so etwas wie eine Einladung. Am liebsten mögen sie die Angst, die an den Kräften der

Menschen zehrt. Deswegen sind diese Wesen sehr daran interessiert, dass Ängste bestehen bleiben.

Wie es zu einer Besetzung durch Dämonen kommt

Dämonen sind wie gesagt lichtlose, niedere Wesen, welche aus den dunklen Gedanken und Taten der Menschen entstanden sind. Viele Dämonen wurden bewusst erschaffen, um einem Menschen gezielt Schaden zuzufügen. Dämonen ernähren sich von Energie, die sie sich von den Menschen holen. Allerdings fällt kein Dämon einen Menschen einfach so an, weil er gerade ein wenig Energie braucht. Ein Dämon kann sich nur an die Menschen halten, die mit ihnen in Resonanz stehen. Hier kommt das Gesetz »Gleiches zieht Gleiches an« zum Tragen. Menschen, die selbst in sich das Dunkle tragen, die von Hass und gewaltsamen Emotionen erfüllt sind, von Süchten beherrscht werden oder eine defekte Aura aufweisen, fallen den Dämonen natürlich auf. Und das kann dazu führen, dass es zu einer Besetzung kommt.

Es gibt aber auch Dämonen, welche durch Flüche oder schwarze Zauberpraktiken entstanden sind. Sie lösen sich mit dem Tod eines Menschen nicht auf, sondern sind bei der nächsten Inkarnation wieder zur Stelle. Um diese Dämonen loszuwerden, reicht es nicht, sie einfach wegzuschicken. Hier muss man sich in Disziplin und Willenskraft üben. Wie ich schon an anderer Stelle erwähnt habe, sollte man zusätzlich über einen längeren Zeitraum hinweg eine reinigende Diät halten, Süchte ablegen und sich im positiven Denken und besonders in der Liebe zu sich selbst und anderen üben.

Besetzungen können sich in das Bewusstsein oder in ein Organ einnisten. In diesem Fall gehört man nicht mehr sich selbst, sondern man wird beherrscht und gewissermaßen ferngesteuert.

Wenn Sie mit der Ablösung von Dämonen arbeiten, vergessen Sie nicht, sie – wie alle Wesen – mit Liebe und Mitgefühl zu behandeln. Obwohl sie nicht ins Licht gehen können, suchen trotzdem viele von ihnen nach Erlösung. Denn sie sind immer hungrig; ihr Hunger ist unstillbar. So irren diese destruktiven Geister im Universum umher oder halten sich auf der Erde auf und suchen sich immer neue Wirte, von welchen sie durch negative Gedanken und Taten angezogen werden.

Nach Erlösung suchende Dämonen können nur durch die Gnade Gottes erlöst werden; wir Menschen können lediglich für sie beten.

Zwerge, Elfen, Kobolde

Besetzungen können auch durch Naturgeister geschehen, zum Beispiel durch Zwerge, Elfen, Kobolde oder auch

Hausgeister, welche ihre eigentliche Aufgabe – das Betreuen von Pflanzen, Gärten, Häusern und die Arbeit mit der Erde – verloren haben, wenn ihr Reich, oft durch Menschenhand, zerstört wurde. Sie können sich bei einem Menschen in irgendeinem Organ einnisten oder sich in dessen Haus aufhalten und dort Unruhe stiften. Solche Geister sollten darüber aufgeklärt werden, dass sie gegen ein kosmisches Gesetz verstoßen: den freien Willen eines anderen Lebewesens zu achten. Es ist sinnvoll, ihnen eine neue Aufgabe zuzuweisen. Wenden Sie sich dafür an den Erzengel Zadkiel. Er unterstützt das Feenreich, das Reich der Devas und Naturgeister und übernimmt die Betreuung derjenigen, welche vom Weg abgekommen sind (siehe »Engel«, Seite 211 ff.).

Ein besetzter Kindergarten

Für einen Waldorf-Kindergarten musste schnell ein neues Domizil gefunden werden. So wurde in flottem Tempo ein neues Gebäude gebaut. Genau an diesem Platz aber war früher ein Asylantenheim gewesen; danach hatte dort eine Gruppe von Pfadfindern gehaust, welche in der Mitte der Grünfläche ein Loch gegraben hatte, um dort ihren ganzen Müll zu entsorgen.

Die Energie in dem neuen Kindergarten und in der Umgebung fühlte sich chaotisch und bedrückend an. Innerhalb von sechs Monaten mussten drei Erzieherinnen und danach noch zwei Vertretungen ausgewechselt werden. Außerdem fehlten Ordnung und Struktur. Obwohl alles sehr schön und mit Geschmack eingerichtet war, fühlte man sich dort einfach nicht wohl.

Die Eltern einiger Kindergartenkinder hatten mich um Hilfe gebeten; so fuhr ich an einem Wochenende zusammen mit einer Freundin dorthin. Während sie in einem Raum einen Altar errichtete, stimmte ich mich auf die Energien ein. Ich rief den Erzengel Michael um Hilfe und Schutz für diese Arbeit an. Dabei öffnete ich mein Herz, indem ich mir vorstellte, dass es wie eine Blumenblüte aufging. Ich erfüllte den Raum im Geiste mit blauer Farbe und spürte mehrere Wesen, welche sich in dem Gebäude aufhielten. Am deutlichsten konnte ich einen Zwerg wahrnehmen, der sehr traurig aussah, weil er keine Aufgabe hatte. Dann bemerkte ich mehrere Tierseelen und spürte außerdem die Energie einer verstorbenen Seele.

Ich erklärte meiner Freundin, was hier vorging. Danach testete ich sie kinesiologisch, um genauere Informationen zu erhalten. Wir arbeiteten zunächst mit der erdgebundenen Seele: Es war eine Frau, die plötzlich und gewaltsam gestorben war. Man hatte sie ermordet, sie mit einem Auto überfahren und es wie einen Unfall aussehen lassen. Diese arme Seele erlebte diesen »Unfall« immer wieder und begriff nicht, dass sie bereits tot war. Wir mussten eine ganze Weile auf sie einreden, ihr erklären, dass sie tot sei und diesen Ort und die Erde in Begleitung ihrer Schutzengel verlassen könne. Nach mehreren Versuchen entschloss sie sich endlich, ins Licht zu gehen.

Danach entließen wir alle erdgebundenen Tierseelen. Überraschenderweise waren es viele: ein Hund, mehrere Hasen, Katzen, zwei Igel, Ratten und Vögel. Wir kommunizierten mithilfe von Bildern mit ihnen und schickten ihnen ihre Tierengel, um sie abzuholen. Da kamen die Hasenengel, um die Hasen abzuholen, dann die Katzenengel, welche die Katzen mitnahmen. Die Igelengel mit weißen Stacheln halfen, die beiden Igel ins Licht zu begleiten. Auch Vogel-, Ratten- und Hundeengel holten ihre Genossen ab. Das Ganze ging sehr lustig und schnell vonstatten.

Danach unterhielten meine Freundin und ich uns mit dem Zwerg, der seine Aufgabe verloren hatte und nicht mehr wusste, was er mit sich anfangen sollte. Nachdem er geäußert hatte, dass er an diesem Platz bleiben wolle, beteten wir zu Engel Zadkiel um eine neue Aufgabe für ihn. Der Zwerg sollte draußen für den Eingangsbereich zuständig sein, also die günstigen Energien bündeln und ins Haus leiten und gleichzeitig die ungünstigen Energien abschirmen und entstören. Außerdem sollte er auf die Kinder aufpassen und sie und die Erzieherinnen willkommen heißen. Und immer wenn er Zeit und Lust hätte, könne er auch mit den Kindern spielen. Der Zwerg freute sich sehr über seine neue Aufgabe und tanzte einen Freudentanz.

Die Energie fühlte sich danach viel freier an. Zum Schluss räucherten wir das ganze Haus und stimmten die Energie mit Glocken, Trommeln, Rasseln und Händeklatschen um. Für die Naturgeister im Garten stellten wir Räucherstäbchen auf und fütterten sie mit Schnaps (sie haben eine Schwäche für Schnaps). Wir baten die Naturgeister, sich gut um den Garten zu kümmern und, wenn sie Zeit hätten, auch mit den Kindern zu spielen. Zum Schluss hüllte ich das gesamte Haus mitsamt dem Garten in weißes Licht ein.

Heute fühlen sich die Kinder und Erwachsenen viel freier und glücklicher in ihrem Kindergarten. Garten und Eingangsbereich wurden neu gestaltet, und es kehrten mehr und mehr Ordnung und Harmonie ein.

Erdgebundene Seelen

Nur wer sein Werk mit Freude tut,
dem gelingt die Arbeit gut.

OSKAR STOCK

Geister von Verstorbenen – die auch als Gespenster oder Spuk bezeichnet werden – können sich ebenfalls an Menschen hängen oder sich zu uns gesellen. Sie unterscheiden sich jedoch deutlich von den niederen Wesen, über die wir bisher gesprochen haben. Denn erdgebundene Seelen wollen niemandem etwas Böses; sie sind lediglich in unserer Dimension gefangen und brauchen daher allerdings die Energie von den Lebenden.

Mit den Seelen Verstorbener sollten möglichst nur Menschen arbeiten, die sich in diesen Bereichen auskennen. In der heutigen Zeit, da unsere Erde sich auf den Übergang in eine neue Dimension vorbereitet, ist die Grenze zwischen der dritten und der vierten Dimension sehr dünn geworden. So geschieht es, dass erdgebundene Wesen, die sich in der vierten Dimension aufhalten, sehr leicht auch zu uns in die dreidimensionale Welt kommen – und Menschen zurzeit besonders häufig von ihnen besetzt werden. Darum denke ich, dass es auch für diejenigen, die nicht damit arbeiten werden, wichtig ist, sich des Themas zumindest bewusst zu sein.

Warum manche Verstorbene auf der Erde bleiben
Der Grund, weshalb Verstorbene an die Erde gebunden bleiben und das irdische Leben nicht verlassen wollen, ist häufig, dass sie plötzlich oder gewaltsam gestorben sind und ihr Bewusstsein das nicht wahrhaben kann oder will. Andere wiederum sind noch hier, weil sie von Schuldgefühlen oder Eifersucht geplagt werden. Andere bleiben, weil sie glauben, dass sie Familienangehörige nicht verlassen können oder dürfen. In diesem Fall hängen sie an einer bestimmten Person. Häufig kommt es aber auch vor, dass ein noch lebender Angehöriger nicht in der Lage ist, die verstorbene Seele loszulassen. In diesem Fall kann beispielsweise eine Familienaufstellung äußerst hilfreich sein.

Ein weiterer möglicher Grund für die Erdgebundenheit ist ein Mangel an Glauben; die betreffende Seele weiß nicht, wohin sie gehen soll oder aber sie hat Angst vor dem Unbekannten oder vor Bestrafung – Angst vor der Hölle. Manche haben eine so feste Verbindung zu einem bestimmten Ort, dass sie ihn selbst nach dem Tod nicht verlassen können oder wollen.

Außerdem gibt es Seelen, welche im Rausch gestorben sind. Diese realisieren dann nicht, dass sie bereits tot sind, und verweilen aus diesem Grund noch längere Zeit bei uns.

Viele Menschen fürchten sich vor verstorbenen Seelen. Aber gerade die Furcht zieht sie an! Der beste Weg, Gespenster in unser Leben zu ziehen, ist also – nach dem Gesetz der Resonanz – sich vor ihnen zu fürchten. Hier sollte einem klar sein, dass es sich schlicht um Menschen wie uns selbst handelt, die sich nur dadurch von uns unterscheiden, dass sie keinen Körper mehr besitzen.

▶ ÜBUNG · ERDGEBUNDENE SEELEN INS LICHT SCHICKEN
Wenn Sie sich berufen fühlen, mit erdgebundenen Seelen zu arbeiten, beachten Sie bitte die folgenden Anregungen.

Treffen Sie zunächst für sich selbst gewisse Vorsichtsmaßnahmen, unter anderem indem Sie sich entschließen, in der eigenen Energie zu bleiben, um dieser Seele keinen Zugang zu Ihrem Energiesystem oder gar Ihrem Körper zu gewähren. Arbeiten Sie außerdem niemals allein – ohne die Hilfe Gottes. In Wahrheit tun nicht Sie die Arbeit, sondern Gott wirkt durch Sie. Nur so sind Sie auf der sicheren Seite. Bitten Sie immer wieder: »Lieber Gott, wirke durch mich!« Und so wird es auch sein.

Klären Sie dann die Seele des Verstorbenen zunächst auf. Machen Sie ihr unmissverständlich klar, dass sie bereits tot ist, und weisen Sie sie darauf hin, dass ihre Schutzengel ihr helfen können. Oft nehmen diese Seelen die Engel nämlich gar nicht wahr.

Behandeln Sie die Seele mit sehr viel Liebe, Mitgefühl und Licht, und weisen Sie sie immer wieder darauf hin, dass sie nach

Hause gehen kann, dorthin, wo die Engel, andere Lichtwesen und früher verstorbene Verwandte auf sie warten.

Wenn die arme Seele dann begriffen hat, dass sie tot ist, und die Möglichkeit hat zu gehen, bieten Sie ihr mehrere Wege an. Sagen Sie ihr, dass sie sich nach ihrem Schutzengel umsehen und zusammen mit ihm ins Licht gehen mag. Dazu können Sie sich eine Lichtsäule vorstellen und der Seele anbieten, in Begleitung ihres Engels hineinzugehen. Sagen Sie der Seele, dass sie anerkannt wird, willkommen ist, geheilt wird, ihr vergeben wird.

Bitte schicken Sie die verlorene Seele nie allein ins Licht! Da sie recht verwirrt ist, könnte sie den weiteren Weg von dort wahrscheinlich nicht finden. Hat die Seele ihren Schutzengel einmal wahrgenommen, wird er sie nach Hause bringen. Kann die Seele ihren Schutzengel nicht wahrnehmen, so können Sie ihr anbieten, sich nach einem Meisterschamanen umzusehen, der mit der Seelenarbeit vertraut ist und die Verlorenen nach Hause begleiten kann. In vielen Fällen können die Seelen, besonders diejenigen, welche schon sehr lange an die Erde gebunden sind, solch einen Schamanen besser wahrnehmen als die Engel. Die dritte Möglichkeit besteht darin, dass Sie der Seele anbieten, selbst um Erlösung zu beten. Tut sie das, so wird ihr sogleich geholfen werden: Aus dem Licht kommen die geistigen Helfer und nehmen sie mit nach Hause.

Wenn die Seele aber, aus welchem Grund auch immer, nicht gehen will, sollten Sie sie darüber aufklären, dass sie kein Recht hat, andere zu besetzen – und dann dranbleiben, indem Sie das vorher Gesagte beharrlich wiederholen.

Natürlich können Sie zusätzlich für die arme Seele beten, damit sie schneller ins Licht kommt.

Eine Seele will nicht gehen

Ich kenne die Seele einer vor acht Jahren verstorbenen Frau. Sie hat sich entschlossen, noch eine Weile hier zu bleiben. Zu Lebzeiten besaß sie eine Apotheke. Als sie starb, war ihr Sohn noch nicht mit dem Studium fertig, um die Apotheke zu übernehmen. So blieb sie da und bewachte sozusagen das Geschäft. Meine Freundin, die dort arbeitet, erzählte mir, dass sie die Verstorbene manchmal riecht oder sogar sieht: Ihre Anwesenheit ist überall gegenwärtig.

Nach einer Weile war der Sohn mit dem Studium fertig und übernahm die Apotheke. Wir dachten, dass die Seele dieser Frau jetzt endlich ins Licht gehen würde, um Ruhe zu finden. Doch das war nicht der Fall: Sie weilt immer noch unter uns und will einfach nicht gehen. Dabei wurde sie oft von mir und anderen, die ähnlich arbeiten, aufgeklärt. Wir tun das bis heute, beten für sie und bieten ihr das Licht an.

Geistige Helfer

Es gibt auch Seelen von Verstorbenen, die aus einer früheren Existenz desjenigen Menschen stammen, der von der

Seele besetzt ist. Hier sollte man, bevor man die Seele ins Licht schickt, zuerst die karmischen Verbindungen des Betroffenen klären, zum Beispiel durch eine Rückführung, eine kinesiologische Sitzung oder eine Familienaufstellung.

Nicht nur wir sind daran interessiert, dass die verstorbenen Seelen die Erde verlassen und sich weiterentwickeln. Es gibt extra ausgebildete Helfer und Retter von der geistigen Seite.

Diese geistigen Helfer wagen sich in alle möglichen, oft sehr düsteren und gefährlichen Sphären hinein. Sie riskieren dabei, ihren Verstand zu verlieren und für immer dort zu bleiben. Sie suchen nach verlorenen Seelen, welche bereit sind, die Sphären, in denen sie stecken geblieben sind, zu verlassen. Diese Helfer leisten ihnen Hilfestellung und bringen sie voran.

Die Helfer sind in der Regel Seelen, welche selbst den gleichen Weg gegangen sind und Ähnliches erlebt haben. Sie wissen, wie es ist, zwischen den Welten stecken zu bleiben und was eine Seele in diesem Zustand erlebt und empfindet. Sie sind noch nicht so lichtvoll wie die aufgestiegenen Meister oder die Engel. Darum ist es leichter für sie, den Kontakt mit einer erdgebundenen Seele herzustellen. Diese Seele kann die Helfer auch besser wahrnehmen. Und so bitte ich Sie, darauf zu vertrauen, dass diese geistigen

Helden ihre Arbeit ernst nehmen und zur Stelle sind, wann immer eine verlorene Seele aufwacht und bereit ist weiterzugehen.

Erdgebundene Tierseelen

Auch verstorbene Tierseelen können manchmal den Weg nach Hause nicht gleich finden und bleiben dann an die Erde gebunden.

Eine meiner Klientinnen hatte achtzehn Jahre lang einen Hund, mit welchem sie ein sehr inniges Verhältnis verband. Da sie kinderlos war, wurde der Hund für sie ein wichtiger Bestandteil ihres Lebens. Als er starb, hatte sie von Anfang an das merkwürdige Gefühl, dass er noch da sei. Sie meinte, ihn ab und zu hören zu können, als ob er zu Hause herumliefe. Mit der Zeit wurde es sogar noch heftiger. Die Frau meinte, sie könne den Hund sogar riechen, und er erschien sehr häufig in ihren Träumen. Die ganze Situation beunruhigte meine Klientin sehr. In irgendeiner Weise glaubte sie an ein Leben nach dem Tod. Nur die Tatsache, dass auch eine Tierseele eine weitere Existenz haben könnte, überschritt ihre Realitätsvorstellungen beträchtlich. Die Frau war von der Angst erfüllt, verrückt zu werden und unter Halluzinationen zu leiden.

Als ich vor ihrer Wohnungstür stand, hatte ich sofort das Gefühl, dass die Frau nicht allein vor mir stand. Ein Hauch kalter Luft strich an meinen Händen entlang, und ich bekam ein deutliches Druckgefühl in der Magengegend. Als ich mich dann in tiefe Meditation versetzte, empfing ich ein Bild von dem Hund. Er saß vor mir auf dem Boden, wedelte mit dem Schwanz und sah dabei sehr vergnügt aus. Ich fing an, mit ihm zu kommunizieren, so wie ich das manchmal auch mit lebenden Tieren tue. Ich schickte ihm geistig ein Bild, das zeigte, wie er tot auf dem Boden lag. Mir schien, dass ihn das beunruhigte. Auf jeden Fall legte er sich seinem Frauchen zu Füßen. Meine Intuition sagte mir, dass der Hund sie nicht allein lassen wollte. Spontan, von meiner inneren Stimme geleitet, projizierte ich ein weiteres Bild, das zeigte, wie der Hund von einem Hundeengel ganz in Weiß, mit einem Schein um den Kopf und viel Liebe ausstrahlend, abgeholt wurde. Hinter dem Hundeengel stellte ich mir eine Lichtsäule vor, in welcher weitere Hunde standen und auf ihn warteten; alle bellten einladend und wedelten mit dem Schwanz.

Es wirkte sofort! Der Hund lief als Erstes zu seinem Frauchen hin, schaute ihr kurz in die Augen und stürzte sich dann mit Karacho in die Lichtquelle hinein, von seinem Schutzengel begleitet.

Meine Klientin freute sich sehr, dass ihr Hund von jetzt an im Himmel und der Spuk endlich vorbei war.

In der Regel verlassen die Tierseelen schneller und mit viel mehr Freude unsere Erde, als es die menschlichen Seelen tun.

Haus und Garten befreien und stärken

Nicht nur Menschen, sondern auch Gegenstände, Möbelstücke, die uns umgeben, Wohnungen, Häuser und sogar
ganze Gegenden können belastet oder verflucht sein. Das
kann natürlich auf die Bewohner negative Auswirkungen
haben und die allgemeine Lebensqualität sowie die Gesundheit beeinträchtigen. Daher ist es von Vorteil, alles, was uns
umgibt, mit einem prüfenden Auge zu betrachten und sich
selbst zu fragen, welche Gefühle und Erinnerungen meine
Umgebung, mein Zuhause, Gegenstände, Kleider und so
weiter in mir auslösen. Indem Sie die Gegenstände klären
und die Energie in Haus und Garten erhöhen, schaffen Sie
sich eine Oase der Sicherheit und des Friedens, in der Sie
und Ihre Familie in harmonischer Verbundenheit mit dem
Ganzen leben können.

Energieräuber zu Hause

Wenn uns Gewohntes hold und lieb geworden,
so ängstigt uns, so schmerzt uns fast das Neue.

ROBERT HAMERLING

Nicht nur Dämonen und andere niedere Wesen, auch Gegenstände und Möbel können sich als Energieräuber erweisen, die unsere Energie schwächen und uns krank oder depressiv machen. Deshalb ist es ratsam, alle Gegenstände und Möbel in der Wohnung zu überprüfen – insbesondere alle möglichen Geschenke, Erbstücke, Antiquitäten oder Dinge, die man aus dem Ausland mitgebracht hat. Fragen sie sich: »Gehören diese Gegenstände und Möbel wirklich (zu) mir? Ist dies wirklich mein Zuhause?«

Durchforsten Sie bewusst alle Räume Ihrer Wohnung. Wurde alles, was Sie umgibt, auch durch Sie erschaffen oder erworben? Spiegelt Ihre Umgebung Ihr Innerstes wider? Oder gibt es hier Dinge, die Sie aus einem Gefühl der Verpflichtung heraus angenommen haben?

Erblicken Sie vielleicht, wenn Sie nach Hause kommen, jedes Mal eine Kommode, ein Erbstück Ihrer streitsüchtigen Großtante? Im Wohnzimmer hängt ein Bild, das Sie in Wirklichkeit hassen, aber es war ein Hochzeitsgeschenk Ihrer Schwiegereltern. Das Esszimmer ist ungemütlich und entspricht eigentlich gar nicht Ihrem Geschmack, weil die Eckbank von Ihrem Bruder stammt. Im Schlafzimmer fühlen Sie sich auch nicht ganz wohl, aber Ihr Partner sagt, dass er die Möbel okay findet. Doch Sie würden am liebsten im Keller schlafen, denn vor allem das Bett gefällt Ihnen einfach nicht.

Vermutlich ist es bei Ihnen nicht so extrem wie in diesem Beispiel. Doch jede Unstimmigkeit oder Abneigung produziert unbewusst negative Gefühle, welche Ihnen dann die Energie rauben.

▶ ÜBUNG · NEUER PARTNER – NEUE BETTWÄSCHE

Das Bett steht für Gesundheit, Partnerschaft und Liebe. Wenn man einen neuen Partner hat, sollte man unbedingt die alte Bettwäsche wegwerfen, selbst dann, wenn sie noch nicht sehr alt ist. Auch Kissen und Decken sollten Sie erneuern; vorteilhafter wäre es, auch die Matratzen oder besser noch das ganze Bett komplett auszuwechseln. Man kann ein neues Glück nicht auf alten Energien aufbauen.

▶ ÜBUNG · TESTEN SIE, OB IHNEN IHRE WOHNUNG GUTTUT

Untersuchen Sie Ihre Besitztümer eingehend. Nehmen Sie alles, was Sie umgibt, unter die Lupe. Fassen Sie Möbel, Bilder und andere Dinge, die sich in Ihrer Wohnung befinden an; kleinere Gegenstände können Sie in die Hand nehmen. Horchen Sie in sich hinein, erspüren Sie die Energie. Welche Gefühle haben Sie

119

dabei, welche Erinnerungen? Haben Sie fröhliche, angenehme Erinnerungen, oder erfüllt sich Ihr Herz mit Trauer?

Überprüfen Sie die Energie. Wenn sie sich unruhig oder gar schwindelerregend oder krankmachend anfühlt, so können Sie den entsprechenden Gegenstand kinesiologisch testen. Ist er belastet? Kann er gereinigt werden?

Es gibt Gegenstände und Möbel, an welche böse Geister gebunden sind. Das sind meist destruktive Elementale, welche dazu erschaffen sind, die Menschen negativ zu programmieren. Aus diesem Grund rate ich Ihnen davon ab, den betreffenden Gegenstand mit einem Pendel oder dem Biotensor zu überprüfen, denn die Geister könnten Ihnen beim Testen einen Streich spielen. Auch kann sich die Energie von Möbelstücken oder Gegenständen im Laufe der Zeit zu sehr mit derjenigen ihres Besitzers verbinden, sodass eigene Tests sich oft als unzuverlässig erweisen. Daher ist der kinesiologische Test mit einer Person, die nicht in derselben Wohnung lebt, sicherer. Sie können natürlich auch hellsichtige bzw. hellfühlige Menschen um Hilfe bitten. Am allerbesten ist es natürlich, wenn Sie einfach auf Ihr Gefühl hören. Wenn Sie möchten, können Sie dabei die Engel um Unterstützung bitten.

▶ ÜBUNG · ETWAS NEUES IN BESITZ NEHMEN

Wenn Sie sich etwas Neues gekauft haben, denken Sie daran, den Gegenstand zuerst in Besitz zu nehmen. Einen kleinen Gegenstand können Sie unter fließendes Wasser halten und dabei sagen: »Hiermit nehme ich dich in meinen Besitz. Mit dem Wasser wasche ich alle ungünstigen und belastenden Informationen weg.« Große Gegenstände wischen Sie mit einem Lappen ab und räuchern sie danach am besten aus. So können Sie sicher sein, dass dieser Gegenstand mit Ihnen in Harmonie schwingt und die Energien in der Wohnung nicht belastet.

▶ ÜBUNG · ENERGIEN VON GEGENSTÄNDEN NEUTRALISIEREN
Es gibt Zauber, die Krankheiten oder Pech auf Dinge übertragen können. Wenn Sie einen Gegenstand besitzen, der eine schwere, unangenehme Ausstrahlung hat, sodass Sie vielleicht die Vermutung haben, es könnten böse Geister im Spiel sein, dann sollten Sie sich umgehend davon trennen und erst gar nicht versuchen, ihn zu reinigen.

Das Gleiche gilt für Kleidungsstücke. Tragen Sie möglichst keine Secondhandsachen, da ihnen die Informationen des früheren Besitzers anhaften können. War derjenige krank, depressiv oder gar besessen, so wirken diese Energien in den Kleidern weiter. Gehen Sie bitte Ihrem Gefühl nach, nehmen Sie das Kleidungsstück in die Hand und spüren Sie hinein, welche Gefühle es bei Ihnen auslöst. Sind Sie sich unsicher, so lassen Sie es kinesiologisch von jemandem testen.

▶ ÜBUNG · ENTRÜMPELN SIE REGELMÄSSIG
Auch Müll, Staub und Unordnung ziehen schlechte Geister an, welche uns die Energien rauben können. Gewöhnen Sie sich

daher an, Ihr Haus sauber und in Ordnung zu halten und mindestes einmal im Jahr zu entrümpeln. Führen Sie Klärungs- und Reinigungsrituale durch (siehe Seite 141 ff.).

Ein Umzug kann eine wunderbare Chance bieten, noch einmal abzufragen, welche Möbel, Bilder und Gegenstände gut für Sie sind und welche unangenehme oder destruktive Energien in sich tragen. Bei dieser Gelegenheit können Sie schauen, was wirklich noch gebraucht wird.

Menschen, die einen geistigen Weg eingeschlagen haben, sollten sich nicht mit Möbeln oder Gegenständen umgeben, die durch ihre persönlichen Wandlungsprozesse auf dem Weg zur Meisterschaft längst überholt sind und nur deswegen noch da sind, weil sie eben immer schon da waren.

Verfluchte Häuser und Gegenden

> *Gleich wie Feuer nicht Feuer löscht,*
> *so kann Böses nicht Böses ersticken. Nur das Gute,*
> *wenn es auf das Böse stößt und von ihm nicht*
> *angesteckt wird, beseitigt das Böse.*

Leo Tolstoi

Es gibt »kranke« Häuser, deren Energie nur sehr schwer oder manchmal auch gar nicht zu klären ist – selbst dann nicht, wenn man Ordnung schafft, das Haus reinigt, ausräuchert, die ungünstigen Energien vertreibt und Erdheilungsrituale vollzieht. Das sind verfluchte Häuser, in denen sich Dämonen und erdgebundene Seelen aufhalten.

Manchmal betrifft es nicht nur eine Wohnung oder ein Haus, sondern mehrere, und es kommt sogar vor, dass eine ganze Gegend verflucht und mit Dämonen besetzt ist. Zu Dämonen gesellen sich gleich gesinnte Wesen und Menschen, welche auf derselben Frequenz schwingen. All diese Belastungen aufzulösen, erfordert viel Zeit und das Engagement möglichst mehrerer Personen, die sich zusammentun. Auch Menschen, die in der Auflösungsarbeit nicht versiert sind, vermögen etwas beizutragen: Sie können beten und ihre Liebe an diesen Ort schicken.

123

Wenn Sie auf solche Häuser oder Gegenden stoßen oder sogar hier leben, finden Sie zuerst heraus, warum das Böse, wie Fluch und Dämonen, in Ihrem Leben überhaupt einen Platz hat – Sie wären nämlich sonst gar nicht damit konfrontiert. Was verbindet Sie mit dieser Schwingung?

Fangen Sie bei sich selbst an. Reinigen und klären Sie sich und Ihr Energiefeld. Tun Sie dies regelmäßig, so werden Sie erst gar nicht – oder bald nicht mehr – mit diesen Themen in Resonanz stehen. Nebenbei arbeiten Sie so auch mit daran, die Schwingung des gesamten Planeten zu erhöhen.

Um das Thema zu klären, welches Sie mit der verfluchten Gegend verbindet, suchen Sie die optimale Therapiemethode für sich. Das kann Psycho-Kinesiologie, Reinkarnationstherapie, schamanistische Arbeit, Silva-Mind-Control oder etwas anderes sein. Möglicherweise sind Sie mit dieser Gegend auch karmisch verbunden. In meiner Praxis kommt es nicht selten vor, dass jemand die betreffende Gegend in einer früheren Existenz sogar selbst verflucht hat.

Selbst erschaffene Dämonen

Eine meiner Klientinnen kaufte sich ein altes Haus. Schon beim Anblick des Gebäudes fühlte man sich unwohl und konnte sich eigentlich denken, dass hier keine gute Energie floss. In dem völlig überwucherten Garten war es kaum anders. Warum erwirbt man eine solche Last, ein Haus, das man obendrein noch komplett sanieren muss, um es in einen einigermaßen normalen Zustand zu versetzen? Wäre es nicht besser, ein neues Haus zu kaufen, das frei ist von irgendwelchen alten Energien?

Meine Klientin bekam, sobald sie in ihren neuen Besitz eingezogen war, alle möglichen gesundheitlichen Probleme sowie Schwierigkeiten in der Partnerschaft und im Beruf; außerdem plagten sie Albträume, und wenn sie allein zu Hause war, hatte sie das Gefühl, angestarrt zu werden. Auch die übrigen Familienmitglieder litten unter der destruktiven Hausenergie.

Als ich das Haus betrat und die düstere Energie mich berührte, fragte ich die Frau direkt: »Wieso haben sie das Haus gekauft?« Meine Klientin war schockiert über diese Frage, antwortete aber, dass sie kein anderes passendes gefunden hätte. In der Tat passte das Haus zu ihr, zu den Energien, welche sie in diesem Moment selbst ausstrahlte.

Ich spürte Dämonen und erdgebundene Seelen im Haus, und ich vermutete, dass das Haus und die Frau selbst verflucht waren. Der Ei-Test bestätigte dies. In einer Auflösungssitzung stellte sich heraus, dass meine Klientin selbst vor langer Zeit in einer früheren Existenz dieses Haus sowie zwei Personen, die in diesem Leben zu ihrer Familie gehören, verflucht hatte. Jetzt plagten sie die von ihr selbst erschaffenen Dämonen. Welche Ironie des Schicksals!

So wird man nach dem Gesetz des Ausgleichs immer wieder mit den selbst verursachten Problemen konfrontiert – bis man sie schließlich auflöst.

▶ Übung ·

Wenn Sie in einem verfluchten Haus wohnen
Falls Sie festgestellt haben, dass Sie in einem verfluchten oder besetzten Haus wohnen, können Sie folgendermaßen vorgehen:

1. Kümmern Sie sich zuerst um einen gut funktionierenden Energiefluss, und bauen Sie einen energetischen Schutzschild auf (siehe Seite 182).
2. Beten Sie, wie es Ihrer Glaubensrichtung entspricht. Bitten Sie Mutter/Vater Gott und die Engel, bei Ihnen zu sein, Sie zu beschützen und zu führen.
3. Achten Sie auf Ihre Gedanken und Worte. Bemühen Sie sich, liebevoll und freundlich zu sich selbst und anderen zu sein. Versuchen Sie zu lächeln, auch wenn es Ihnen schwer fällt und künstlich erscheinen mag.
4. Ernähren Sie sich mindestens vierzig Tage lang ausschließlich von frischen, Energie spendenden Lebensmitteln. Vermeiden Sie tote Nahrungsmittel wie Fleisch und Fertigprodukte. Verzichten Sie auf Alkohol und Zigaretten.
5. Klären Sie in einer Sitzung Ihre persönliche Beziehung zu Dämonen: Welche Rolle spielen sie in Ihrem Leben? Anschlie-

ßend lösen Sie den Fluch mit der Ei-Dreh-Methode und Auflösungsarbeit. Fragen Sie dazu kinesiologisch oder mit Ihrer
eigenen Methode ab, ob sich in dem Haus verstorbene Seelen, Tierseelen oder Naturgeister aufhalten, und arbeiten Sie
mit diesen Wesen wie in den entsprechenden Kapiteln dieses
Buches beschrieben. Erhöhen Sie danach die Hausenergie
mit Klärung- und Reinigungsritualen (siehe Seite 141 ff.).

Die richtige Wohnung finden

Falls Sie sich grundsätzlich oder häufiger in einem eher
schwachen energetischen Zustand befinden, rate ich Ihnen
davon ab, sich in der Nähe von Friedhöfen, Krankenhäusern
oder Altersheimen niederzulassen. Dort gibt es zu viele
Geister, welche zwischen zwei Dimensionen stecken geblieben sind und nun herumspuken. Wenn Sie aber bereits in
solch einer Gegend wohnen, dann sorgen Sie in jedem Fall
für einen guten energetischen Zustand Ihres Körpers und
ebenso Ihres Zuhauses.

Wenn Sie ein Haus oder eine Wohnung kaufen oder mie-
ten wollen, sollten Sie sich in der betreffenden Gegend gut
umsehen. Was leben hier für Menschen? Sind die Leute
hier krank, gibt es hier überdurchschnittlich viele Todes-
fälle? Oder wohnen hier düster aussehende streitsüchtige
Menschen? Wichtig ist dabei, dass Sie auf Ihr Gefühl hören.
Wie fühlen Sie sich in dieser Gegend, diesem Haus, dieser Wohnung? Ihre Intuition wird Ihnen den Weg weisen,

sofern Sie bereit sind, die leise Stimme Ihres Herzens zu vernehmen.

Bevor Sie anfangen, ein Haus oder eine Wohnung zu suchen, rufen Sie den Engel der Wohnungssuche an. Bitten Sie ihn um Hilfe und Führung, um das optimale Objekt zu finden. Sie werden überrascht sein, wie einfach es sein kann, wenn man mit den Engeln zusammenarbeitet.

▶ **ÜBUNG · DIE EI-DREH-METHODE**
FÜR VERFLUCHTE HÄUSER

Auch um einen Fluch im Haus aufzulösen, können Sie die Ei-Dreh-Methode anwenden. Stellen Sie sich dazu in die Mitte des Hauses, nehmen Sie ein zur Hälfte mit Wasser gefülltes Glas, in dem sich bereits ein Ei befindet, und drehen Sie es im Uhrzeigersinn über dem Boden. Sprechen Sie dabei je einmal in jede Himmelsrichtung ein Gebet.

Danach nehmen Sie das Glas, gehen genau so vor wie im Kapitel über die Ei-Dreh-Methode beschrieben (Seite 44 ff.). Hat sich ein Fluch gezeigt, so streuen Sie mit Salz eine liegende Dreier-Acht auf den Boden, die nach Süden und Norden ausgerichtet ist, und eine weitere in Ost-West-Richtung, sodass es wie eine Blume ausschaut (siehe Seite 129). Spülen Sie das Ei in die Toilette, stellen Sie sich danach in die Mitte der Blume und sprechen Sie nochmals in jede Himmelsrichtung ein Gebet.

Befindet sich der Fluch wieder in unserem Raum und in unserer Zeit, so können Sie ihn mithilfe des Universums auflösen.

Es ist von Ort zu Ort unterschiedlich, welche Technik dazu am besten geeignet ist. Verlassen Sie sich deshalb ganz auf die Führung von oben, und hören Sie auf die eigene Intuition. Ich spreche immer ein Gebet zur Göttin und bitte sie, durch mich zu wirken, um den Fluch aufzulösen. Eine weitere sehr gute Möglichkeit ist die erste Lehrrede Buddhas (siehe Seite 130). Beim Erlösen von Häusern und Gegenden ist es außerdem immer von Vorteil, wenn Sie nicht allein, sondern in einem Team arbeiten – am besten zu dritt. Dann kann jeder etwas zur Auflösung beitragen, und man kann sich gegenseitig kinesiologisch testen. Außerdem hat ein Gebet, das von drei Menschen gesprochen wird, eine größere Kraft.

Die erste Lehrrede Buddhas

Mögen alle Lebewesen Glück erfahren und Frieden finden! Alle lebenden Wesen, stark und schwach, groß und klein, sichtbare und unsichtbare, nahe und ferne sollen wahres Glück erfahren.
Keinem Lebewesen wünsche ich aus Ärger oder Rachsucht irgendein Leid.
Wie eine Mutter mit ihrem Leben ihr einziges Kind beschützt und behütet, so möchte ich mich zu allen Lebewesen verhalten. Ich öffne mein Herz und durchdringe die ganze Welt mit grenzenloser, liebevoller Gesinnung. Ich richte meine liebevollen Gedanken nach oben, nach unten und nach allen Seiten, frei von Hass und Feindschaft. Ob ich gehe oder stehe, sitze oder liege – immer entfalte ich bewusst diese liebevolle Gesinnung.
Ich lasse alle Vorurteile los und gewinne tiefe Einsicht. Ich überwinde mein Begehren und meine Gier. So werde ich erlöst von allem Leid.

Hausgeister

> *Zum vollen Leben findet hin, wer zurückfindet*
> *zum einfachen Leben. Zur Vollkommenheit*
> *gehört die Einfachheit, und zur Einfachheit gesellt*
> *sich das Glück.*
>
> CARL PETER FRÖHLING

Unser Zuhause kann für uns ein Ort sein, an dem wir Energie tanken, uns erholen und stärken, ein Ort der Heilung und Besinnung. Unsere Wohnung oder unser Haus ist die materielle Manifestation unseres Inneren, ein Spiegel unserer selbst. Herrscht oft Unordnung, so ist man auch innerlich in einem chaotischen Zustand. Neigt man zu übertriebener Sauberkeit, so will man unbewusst etwas in sich reinwaschen. In diesen zwei extremen Fällen sollte man zunächst die zugrunde liegenden Themen klären, beispielsweise durch Psycho-Kinesiologie, Focusing oder Silva Mind Control. Aber auch die klassische Homöopathie kann helfen, bestehende Blockaden zu lösen.

Wir können zu mehr äußerer und innerer Harmonie finden, indem wir unser Zuhause als ein Wesen betrachten, welches – wie wir – Wünsche und Bedürfnisse hat. Dieses Wesen nennt man Hausgeist, es ist die Energie des Hauses oder der Wohnung, die sich auch personifiziert zeigen kann.

Naturgeister und ihre Aufgaben

Jedes Haus und jede Wohnung besitzt einen Hausgeist, manchmal auch mehrere. Die meisten Hausgeister sind Erdgeister. Sie sind entweder mit dem Stein oder Sand verbunden, welche zum Bau verwendet wurden; oder es sind alte Baumgeister, die zu dem Holz der Dachbalken oder Dielen »gehören«. Gewöhnlich bleiben diese Geister für immer an dasselbe Haus gebunden, denn je mehr sie sich von »ihrem« Platz entfernen, desto mehr nimmt ihre Energie ab.

Hausgeister gehören zu den Elementalen. Sie leben in einer strengen Hierarchie: Höher stehende Naturgeister betreuen die unter ihnen stehenden. Alle haben ihre feste Aufgabe; sie verfügen nicht wie der Mensch über einen freien Willen. Sie befinden sich auch, wie die Menschen, auf verschiedenen Entwicklungsstufen und können sich hocharbeiten, um höhere Positionen einzunehmen.

Naturgeister sind in jeder Form von Materie als seelische und geistige Wesensanteile enthalten. In ihrer Welt gibt es kein Gut und kein Böse; sie bewerten und verurteilen niemanden.

Naturgeister betreuen ihr Territorium, welches sie vor »Geistern von der anderen Seite«, also vor destruktiven Geistern beschützen. Um sich sicher zu fühlen, errichten sie einen Schutzschild, der wie eine große Kuppel aussieht und Eindringlinge fernhält. Wir Menschen können unseren Naturgeistern bei ihrer Aufgabe helfen, indem wir mit ihnen zusammenarbeiten. Wir können uns auch regelmäßig in Gedanken eine leuchtende Kuppel um das Haus herum vorstellen, die wir mit Liebe und Harmonie füllen. Die Hausgeister freuen sich sehr, wenn die Menschen ihnen Aufmerksamkeit schenken und ihre Arbeit im Haus anerkennen und unterstützen.

Ein Hausgeist beschützt und verwaltet das Haus. Jeden Tag überprüft er in seinem »Reich«, ob alles in Ordnung ist und funktioniert. Er sorgt sich auch um andere Naturgeister im Haus, welche ihm untergeben sind und jeweils nur eine Aufgabe erfüllen, beispielsweise die Heizung, den Ofen, die Wasserrohre, die Elektrizität oder elektrische Geräte zu betreuen.

Gehen Sie sorgsam mit Ihrem Hausgeist um
Je besser der Mensch sich mit seinen Hausgeistern versteht und je liebevoller er sich um sein Zuhause kümmert, desto reibungsloser verrichten diese guten Geister ihre Arbeit, da sie ihre Energie zum Teil von den Menschen beziehen. Wenn aber die Menschen sich zu wenig oder gar nicht um

ihr Heim kümmern, so bekommt es nur sehr wenig von der notwendigen Lebensenergie.

Hausgeister mögen keine Veränderungen, denn diese bedeuten, dass auch sie sich verändern sollen, was sie nicht gern tun.

Wenn Sie also eine Renovierung oder Umbauarbeiten planen, verkünden Sie dies laut Ihrem Hausgeist, um ihn rechtzeitig darauf vorzubereiten. Es reicht nicht, wenn Sie nur daran denken – Sie müssen es schon laut aussprechen!

Je älter ein Haus ist, desto schwieriger ist es für seinen Hausgeist sich umzustellen, weshalb es zu manchen Problemen kommen kann, wenn größere Umbaumaßnahmen oder ähnliche Vorhaben in Angriff genommen werden. Plötzlich läuft alles schief, Wände stürzen ein, Arbeitsinstrumente verschwinden oder gehen kaputt, Arbeiter verletzen sich. Und die lang ersehnte Verschönerung des Hauses wird zum Horrortrip.

Es ist von Vorteil, sich bei größeren Veränderungen mit dem Geist des Hauses zu verbinden, um seinen Segen zu empfangen. Dann werden die Energien für Sie und nicht gegen Sie arbeiten.

Auch mögen es Hausgeister nicht gern, wenn gehämmert und gebohrt wird; das tut ihnen weh, und sie bekommen so etwas wie Kopfschmerzen. Wobei bohren nicht so schlimm ist wie Nägel in die Wand zu schlagen.

Mein Hausgeist hat es mit mir nicht leicht, weil ich gern etwas im Haus verändere und öfters Nägel in die Wand schlage, um die Bilder anders zu hängen. Früher hatte ich ihm gegenüber immer ein schlechtes Gewissen und entschuldigte mich hundertmal für einen Nagel. Bis ich in einer Meditation um eine Lösung für das Problem bat. Mein höheres Selbst machte mir den Vorschlag, die Stelle, die ich für den Nagel ausgesucht habe, vor dem Hämmern zu betäuben. Diese Lösung fand ich sehr gut. Seitdem lege ich immer zuerst meine Hand auf die Stelle, an der ich einen Nagel brauche. Dabei stelle ich mir intensiv vor, wie aus der Hand eisige Kälte kommt und die Wand einfriert und damit betäubt. Seitdem ist es auch viel leichter geworden, die Nägel gerade und ohne dass sie sich verbiegen in das Mauerwerk zu schlagen.

Bieten Sie Nahrungsmittel an

Früher, als man noch an Geister glaubte, opferte man ihnen regelmäßig Speis und Trank. In unserem modernen Leben haben die Geister allerdings keinen Platz mehr. Sie sind gezwungen, sich das Essen selbst zu nehmen. Wenn Sie also Ihre Hausgeister nicht füttern, so nehmen diese sich eben einfach, was sie brauchen. Die Naturgeister essen nicht die Substanz, sondern die Energie, die Essenz der Nahrung.

135

Und sie finden es eklig, wenn die Menschen etwas essen, das gar keine Essenz mehr hat.

Wenn Sie den Naturgeistern etwas von Ihrem Essen abgeben, lassen Sie es drei bis fünf Tage stehen, und stellen Sie dann etwas Neues hin. Wenn das Nahrungsmittel anfängt zu verderben oder auszutrocknen, dann werfen Sie es früher weg. Naturgeister sind Veganer, und in der Natur »essen« sie Lebensmittel, welche von selbst zu Boden fallen, zum Beispiel Obst, Beeren, Getreidekörner. Aber im Haus essen sie Schokolade und Brot und trinken gern auch mal etwas Alkoholhaltiges wie Wein oder Schnaps.

Mein Hausgeist bekommt sehr selten etwas Alkoholisches, weil bei uns zu Hause nie getrunken wird. Aber wenn ich mal eine Flasche für ein Reinigungs- und Klärungsritual kaufe, gebe ich ihm immer etwas davon ab, und er freut sich wie ein Kind über ein Spielzeug.

Mit dem Hausgeist in Kontakt treten

Wenn man mit einem Hausgeist in Kontakt tritt, so erfährt man früher oder später seinen Namen. Verspüren Sie den Wunsch, Ihren »Mitbewohner« persönlich kennen zu lernen und seinen Namen zu erfahren, dann müssen Sie den Wunsch laut äußern. Sagen Sie: »Lieber Hausgeist, ich möchte dich gern kennen lernen und deinen Namen erfahren.« Lassen Sie ihm Zeit; es kann sein, dass er nicht gleich bereit ist, sich zu zeigen, vielleicht will er sich zuerst über

Ihre Absichten klar werden. Möchten Sie den Hausgeist aus einem Gefühl der Harmonie heraus kennen lernen, um das Haus in einen besseren Zustand zu bringen? Oder lassen Sie sich durch Ihr Ego oder Ihre Neugier leiten?

Selbst wenn Sie die besten Absichten haben, kann es ein bis zwei Monate oder auch länger dauern, bis Sie mit dem Hausgeist in Kontakt treten können. Das hat damit zu tun, dass Sie sich erst gegenseitig auf eine gemeinsame Schwingung einstellen müssen. Das bedeutet, dass Sie sich jeden Tag aufs Neue dafür entscheiden und dem Hausgeist Ihren Wunsch laut verkünden müssen. Mit der Zeit wird sich Ihre Absicht dann immer deutlicher im Raum manifestieren. Hören Sie auf Ihre Intuition, und Sie werden wissen, wann es so weit ist.

▶ **Übung · So kommunizieren Sie mit dem Hausgeist**
Wenn der rechte Zeitpunkt gekommen ist, können Sie folgende Technik anwenden:

- Schließen Sie die Augen und entspannen Sie sich. Sie können zum Beispiel langsam, sich auf die Zahlen konzentrierend, rückwärts von zehn bis eins zählen.
- Sagen Sie noch einmal laut: »Lieber Hausgeist, ich möchte dich kennen lernen und deinen Namen erfahren.« Gewöhnlich wird der Hausgeist vor Ihrem geistigen Auge erscheinen und in Form von Gedanken zu Ihnen sprechen.

Leider gehen viele Menschen die Sache mit dem Kopf und nicht mit dem Bauch an. Selbst wenn sie den Hausgeist sehen und sprechen hören, tun sie das als Einbildung ab. Daher sei noch einmal betont: Bei allen Arten von Energiearbeit sollten Sie Ihr Bauchgehirn an- und das Kopfgehirn ausschalten!

Wenn Sie Ihrem Hausgeist etwas Gutes tun möchten, können Sie ihm ab und zu ein Geschenk machen. Vielleicht kaufen Sie etwas Schönes, etwas, das Ihnen selbst gefällt, stellen es im Haus auf und sagen dabei laut: »Lieber Hausgeist, dies ist ein Geschenk für dich.« Wenn Sie das Haus betreten, begrüßen Sie Ihren Hausgeist laut, und wenn sie weggehen, bitten Sie ihn, gut auf das Haus aufzupassen.

Puaero-Min – mein persönlicher Hausgeist

Der gute Geist meines Hauses heißt Puaero-Min. Er erscheint mir als ein wunderschöner junger Mann in altrömischer Bekleidung. Er kann beliebig seine Größe und sein Aussehen verändern, dennoch sieht er immer toll aus, weil er weiß, dass mir das gefällt.

Puaero-Min erzählte mir, dass er ursprünglich ein Wassergeist war. (Eigentlich ist es eher ungewöhnlich, dass ein Wassergeist zu einem Hausgeist wird.) Er lebte vorher in einem unterirdischen Gewässer, das man auch Wasserader nennt. Beim Bau des Hauses wurde das Wasser zum Teil abgepumpt. Er und ein anderer Naturgeist blieben an dieser Stelle und betreuen nun die neu entstandenen Häuser. Genauer gesagt ist der zweite Geist ein weibliches Wesen: Sie erscheint in Gestalt eines kleinen frechen Mädchens und nennt sich Petita-Mega. Puaero-Min hat mich ihr einmal vorgestellt, aber sie wollte nicht mit mir reden.

Kobolde oder Domovoi

Im Haus können sich auch andere Naturgeister aufhalten, zum Beispiel Kobolde. Das sind lustige, immer zu Späßen aufgelegte Wesen, die oft mit den tatsächlichen Hausgeistern verwechselt werden.

In Russland ist eine Art von Kobolden sehr verbreitet, die in Häusern leben und dort ihren Schabernack treiben. Man nennt sie Domovoi. Ein Domovoi ist nicht nur lustig, er jagt Kindern, aber auch Erwachsenen gern Angst ein. Wenn man ihm aber mit Liebe und Freundlichkeit begegnet, kann er sehr zahm und anhänglich werden. Bei uns zu Hause, wo ich aufgewachsen bin, lebte so einer.

Als ich noch klein war, fürchtete ich mich vor ihm. Später aber, als ich etwa fünfzehn war, habe ich mich entschlossen, meine Angst abzulegen, und er bekam einen Namen: Kusja. So wurden wir Freunde. Ich legte ihm immer etwas zu essen hin und erzählte ihm alles, was in meinem Kopf vorging. Er hörte mir immer genau zu – das wusste ich. Wenn ich einmal krank war, legte er sich auf meine Füße, wobei er sich anfühlte wie eine Katze. Ich habe Kusja nur einmal wirklich gesehen, er war am ganzen Körper grau behaart und etwa so groß wie eine Katze.

Hier in Deutschland habe ich noch nie russische Domovoi getroffen. Deutsche Kobolde sehen anders aus und fühlen sich auch anders an. Sie sind dem berühmten Pumuckl sehr ähnlich und mögen es, sich in Häusern aufzuhalten, in denen viele Kinder und Tiere leben.

Einmal, als ich mit meinem Partner ein Engelseminar besuchte, brachten wir einen Kobold mit nach Hause. Er heißt Maglok und wohnt seitdem bei uns.

Klärungs- und Reinigungsrituale für zu Hause

Wirke Gutes, du nährst der Menschheit
göttliche Pflanze; bilde Schönes, du streust
Keime der göttlichen aus.

FRIEDRICH SCHILLER

Um ein Leben in Harmonie und Gesundheit zu genießen und sich gegen destruktive Belastungen unverwundbar zu machen, ist es ratsam, die Energien zu Hause zu klären und zu reinigen. So schaffen Sie sich einen Ort, zu dem die schwarze Magie keinen Zutritt mehr hat.

Bevor man mit einer energetischen Reinigung beginnt, sollte das Haus oder die Wohnung gründlich geputzt und entrümpelt werden.

Erstellen Sie einen Plan, wann und wie Sie den Hausputz angehen wollen. Falls Sie ein recht großes Haus haben, so können Sie mehrere Tage einplanen. Lassen Sie sich ruhig von den übrigen Mitbewohnern helfen, schließlich dürfen auch sie ihre Energie einsetzen. Jeder kann einen Beitrag leisten. Selbst kleine Kinder können mit anpacken, wenn es um einfache Tätigkeiten wie Staubwischen oder Waschbeckenputzen geht. Besprechen Sie vorher mit Ihrer Familie, wer was machen soll, und halten Sie sich dann auch an diese Abmachung.

Wenn Sie mit der Planung fertig sind, stellen Sie sich in die Mitte Ihres Hauses und verkünden Sie laut Ihrem Hausgeist, was Sie vorhaben. Wenn Sie auch Möbel umstellen und Bilder neu hängen möchten oder andere größere Veränderungen geplant sind, erklären Sie das dem Hausgeist und bitten Sie ihn um Unterstützung.

Natürlich können Sie auch die Engel anrufen. Wenden Sie sich an den Putzengel, und Sie werden feststellen, dass Ihnen das Reinemachen leichter fällt.

Empfehlenswert ist es auch, sich bei abnehmendem Mond ans Werk zu machen, denn Staub und Schmutz lassen sich dann besser entfernen.

Jedes Mal, wenn Sie putzen, entlasten Sie damit den Raum von alten, abgelagerten Energien. Je bewusster Sie es tun, desto größer ist das energetische Resultat. Deshalb sollten Sie sich über Ihre Absichten klar werden. Was genau möchten Sie mit der Reinigung des Hauses bezwecken? Was soll sich verändern? Wünschen Sie sich mehr Klarheit und Harmonie? Oder eine Umgebung, die Kraft und Vitalität fördert? Ihre Absicht wird sich während der Reinigung in die Raumenergie einprägen. Bitten Sie dazu die geistige Welt um Hilfe und Unterstützung.

▶ Übung · Apfelessig und Regenbogenwasser

Zum Putzen empfehle ich Ihnen natürliche Mittel wie Apfelessig oder ätherische Öle. Hier eignen sich besonders Salbei (wirkt desinfizierend und harmonisierend), Wacholder (stark reinigend; löst hartnäckige Blockaden im Raum), Lavendel (fördert Ruhe und Harmonie) oder Zitrone (verleiht Frische). Um alte, abgelagerte Energien aufzulösen, verwenden Sie am besten Salz und Kräutertees.

Sie können das Wasser zusätzlich mit einem Regenbogen, mit Sternchen oder Herzchen aufladen. Halten Sie zu diesem Zweck Ihre Hände über das Wasser, und lassen Sie geistig das gewünschte Symbol hineinfließen. Diese Energie wird sich beim Putzen auf die zu reinigenden Flächen und Gegenstände übertragen.

Eine Mischung aus Regenbogenwasser, etwas Apfelessig, vier Tropfen Salbeiöl und vier Tropfen Zitronenöl ist beispielsweise ideal für den Frühjahrsputz. Diese Mischung wirkt harmonisierend auf die Energien im Raum, verleiht Frische und Reinheit. Natürlich können Sie auch Ihre persönliche Mischung herstellen. Hören Sie auf Ihr Gefühl, und nehmen Sie das, was Ihnen am meisten zusagt.

Das Energieniveau anheben

Bedenken Sie beim Wohnungsputz, dass Teppiche und Polstermöbel die meiste alte Energie ansammeln. Wenn Sie die Möglichkeit haben, sie hinaus in die Sonne zu bringen, so ist das der einfachste Weg, abgelagerte Energien zu eliminieren.

Bei uns in Russland hat man die Teppiche früher zweimal im Jahr im Freien gereinigt. Im Sommer wurden sie nach draußen gehängt, ausgiebig geklopft und mit Schwamm und Wasser gereinigt. Im Winter, wenn es viel frischen Schnee gab, legte man sie auf den Schnee, bedeckte sie damit und ließ das Ganze etwa zwanzig Minuten einwirken. Danach kehrte man den Schnee – zusammen mit dem Schmutz – mit einem Besen wieder ab. Wenn man nach solch einer Behandlung den frisch duftenden Teppich wieder ins Haus brachte, konnte man die lebendige Energie, welche er verbreitete, deutlich spüren.

In einem eigenen Haus ist es einfacher, die Energie auf einem guten Niveau zu halten; wohnen Sie hingegen in einer Wohnung, so ist der Bereich, den Sie beeinflussen können, natürlich eingeschränkt.

Denken Sie aber, falls Sie im Erdgeschoss wohnen, unbedingt daran, sich um die Sauberkeit des Kellers zu kümmern. Wohnen Sie im obersten Stockwerk, so putzen und entrümpeln Sie nach Möglichkeit auch das Dachgeschoss.

Im Keller und unterm Dach kann sich energetischer Schmutz ansammeln, welcher eine negative Wirkung auf Ihre Wohnung hat. In China sagt man, dass das Übel von der Erde ausgeht und das Unglück vom Himmel fällt.

Wenn Sie das ganze Haus bzw. die Wohnung gut geputzt und entrümpelt haben, können Sie damit beginnen, die Energien in Ihrem Wohnumfeld zu erforschen und zu klären.

▶ **ÜBUNG · EIN GANG DURCH IHR ZUHAUSE**

Stellen Sie sich vor die Haustür. Was für ein Gefühl haben Sie? Horchen Sie in sich hinein. Berühren Sie die Tür: Was empfinden Sie? Ist sie warm und trocken oder kalt und feucht? Öffnen Sie die Tür, und gehen Sie langsam in das Haus oder in die Wohnung hinein. Kann man die Tür vollständig aufmachen?

Stellen Sie sich vor, Sie sind die gute, lebenserhaltende Energie, welche ins Haus fließt. Wie fühlen Sie sich? Können Sie leicht in das Haus/in die Wohnung gelangen oder haben Sie Schwierigkeiten? Fühlen Sie sich eingeladen und willkommen oder wollen Sie am liebsten wieder hinaus? Setzen Sie Ihren Gang als Energie fort; fassen Sie dabei Wände und Gegenstände an, und achten Sie auf Ihre Gefühle und Empfindungen.

So erforschen Sie das ganze Haus/die gesamte Wohnung und merken sich alle schlechten, unangenehmen, blockierten Stellen. Wo hatten Sie als Energie am meisten Schwierigkeiten? Wo mussten Sie sich mit Mühe durchkämpfen oder sind vielleicht sogar gestolpert? Machen Sie sich Notizen, um nichts zu vergessen.

▶ ÜBUNG · ENERGIEAUSGLEICH DURCH KLATSCHEN

Nach dem Gang durch das Haus/die Wohnung erstellen Sie einen Plan, welche Route Sie zum Energieausgleich nehmen wollen, damit nichts übersehen oder ausgelassen wird. Zünden Sie zuerst in jedem Raum eine Kerze an. Lassen Sie Ihre Intuition jeweils über die geeignete Farbe entscheiden.

Sorgen Sie bitte für Ihre Sicherheit, indem Sie darauf achten, dass das Feuer nirgends überspringen kann – am besten, indem Sie die Kerzen in mit Wasser gefüllte Schalen stellen.

Dann können Sie die Technik des In-die-Hände-Klatschens anwenden. Das Klatschen klärt die Energien. Gegenüber anderen Hilfsmitteln zum Klären der Raumenergie, wie etwa einer Glocke, hat es außerdem den Vorteil, dass Sie viel besser spüren, wie lange und in welchem Rhythmus eine Stelle energetisiert werden soll.

Fangen Sie bei der Haustür an, in die Hände zu klatschen. Beginnen Sie unten an der Tür, und klatschen Sie sich langsam nach oben. Gehen Sie dann weiter, und klatschen Sie die Wände und alle Gegenstände und Möbel ab. Wenn es sich stumm und leise anhört, heißt das, dass Sie an dieser Stelle länger klatschen sollten, bis es sich wieder gut anhört.

Lassen Sie nichts aus: Klatschen Sie in allen Ecken, unter dem Tisch, unter und hinter den übrigen Möbeln. Bei Bedarf rücken Sie die Möbelstücke von der Wand ab und klatschen auch dahinter.

Bei schwerem Mobiliar klatschen Sie einfach mental in die Hände, wobei Sie sich den Raum dahinter und darunter vorstellen.

Die Polstermöbel saugen am meisten schlechte Energien auf. Klatschen Sie diese daher sorgfältig von allen Seiten ab. Das Gleiche gilt für Matratzen, die Sie von allen Seiten bearbeiten sollten.

Hören Sie auf Ihr Bauchgefühl, wie lange Sie an einer Stelle klatschen sollen. Manchmal geht es ganz schnell, und in anderen Bereichen haben Sie große Mühe. Bleiben Sie dort so lange, bis sich die Energie wieder gut anfühlt.

Vergessen Sie nicht, auch in Schränken und Schubladen zu klatschen, denn hier staut sich besonders viel Energie an.

Wenn Sie aus irgendeinem Grund nicht mit dieser Technik arbeiten können oder wollen, können Sie auch eine Glocke oder Rassel benutzen.

Bei mir zu Hause bevorzuge ich als Instrument meine Hände, weil ich so die Energien besser spüren kann. Wenn ich aber in fremden Häusern arbeite, benutze ich lieber eine Glocke, denn dadurch halte ich einen Abstand von den Schwingungen anderer Menschen.

▶ ÜBUNG · DEN RAUM MIT FARBE ERFÜLLEN

Um noch mehr Harmonie und positive Energie hineinzubringen, können Sie nun jeden Raum noch zusätzlich mit einer oder mehreren Farben füllen.

Stellen Sie sich dazu eine Farbe vor. Ihre Intuition sagt Ihnen wieder, welche die richtige ist. Atmen Sie diese Farbe tief ein, und lassen Sie sie beim Ausatmen den gesamten Raum erfüllen.

Vielleicht haben Sie aber auch Lust, jeder Wand eine andere Farbe zu geben. Oder Sie erfüllen zuerst den Raum mit einer und dann mit einer anderen Farbe. Nehmen Sie einfach so viele, wie Sie brauchen.

▶ ÜBUNG · RÄUCHERN

Nach dem Energetisieren von Räumen mit Farben können Sie zum Räuchern übergehen. Wählen Sie Räuchermischungen oder -stäbchen, deren Duft Sie mögen. Es nützt wenig, wenn Sie Mischungen nehmen, von denen Sie denken, dass Sie am besten wirken, deren Geruch Sie aber nicht ausstehen können. Achten Sie bitte darauf, dass das Räucherwerk keine künstlichen, sondern nur natürliche Substanzen enthält.

Weihrauch, Wacholder und Bernstein sind zum Beispiel sehr starke Räuchermittel zur Reinigung von Haus, Garten, Möbeln und alten Gegenständen. Sie eignen sich auch ideal zur Klärung der Energie nach einem Streit oder wenn man schlechte Nachrichten erhalten hat. Sandelholz, Salbei oder Lavendel sind ideal zur Harmonisierung geeignet. Diese Räuchermittel heben das Energieniveau und eignen sich beispielsweise sehr gut für die Wohnungseinweihung.

Fangen Sie wieder bei der Haustür an, räuchern Sie das ganze Haus durch und kommen Sie wieder zum Ausgangspunkt zurück. Denken Sie daran, auch alle Ecken und »schwierigen« Stellen auszuräuchern. Hören Sie wie immer auf Ihr Gefühl, um zu entscheiden, wie lange Sie den Vorgang fortsetzen.

Wenn Sie mit dem Räuchern fertig sind, bedanken Sie sich für die Hilfe und Unterstützung bei der geistigen Welt. Hüllen Sie anschließend das komplette Haus in Licht ein. Danach können Sie die Räume gut durchlüften.

▶ **Übung · Den Raum mit Salz klären**

Wohnen bei Ihnen Pech, Krankheit, Streit und Übel, so ist das Raumklären mit Salz eine machtvolle Methode, um das Haus von allem Bösen zu befreien.

Für dieses Ritual sollten Sie etwas mehr Zeit einplanen. Rufen Sie zuerst den Hausgeist, die Schutzgeister des Hauses und die Lichtwesen, die Engel, laut an. Bitten Sie sie um Unterstützung bei dem Raumklärungsritual.

Sprechen Sie das Vater- oder das Mutterunser (Seite 52) oder ein anderes Gebet oder Mantra, das Ihrer persönlichen Glaubensrichtung entspricht. Bitten Sie darum, dass die negativen Kräfte sich verflüchtigen und positive Ihr Heim erfüllen mögen. Verstreuen Sie reichlich Salz im ganzen Haus auf dem Fußboden, besonders in den »toten« Ecken. Öffnen Sie alle Schränke und Schubladen.

Verlassen Sie danach für neun Stunden das Haus. Nehmen Sie eine Prise Salz in den Mund, um sich selbst zu reinigen, damit das Böse, welche das Haus verlässt, sich nicht an Sie hef-

149

tet und mit Ihnen wieder hineingelangt. Wenn Sie das Haus wieder betreten, öffnen Sie alle Türen und Fenster. Kehren Sie das Salz mit einem Besen zusammen, während Sie Gebete sprechen. Bitte nehmen Sie zunächst nicht den Staubsauger. Es ist nicht schlimm, wenn ein paar Körnchen Salz liegen bleiben.

Zünden Sie anschließend neun blaue Kerzen an – Blau steht für Klarheit und Reinheit und bewirkt Ordnung und Heilung –, und sprechen Sie weitere neunmal ein Gebet. Lassen Sie die Kerzen vollständig abbrennen. Spülen Sie das Salz die Toilette hinunter, mit dem Gedanken, dass Sie hiermit das Haus von allem Übel befreit haben. Schließen Sie das Ritual ab, indem Sie lächeln, sich bedanken und das Haus in Licht hüllen.

Die Schwingung des Gartens erhöhen

Wenn ich wüsste, dass morgen die Welt untergeht,
würde ich heute noch ein Apfelbäumchen pflanzen.

MARTIN LUTHER

Wenn Sie einen Garten besitzen, können Sie sich glücklich schätzen. Denn ein Garten ist eine direkte Verbindung zur Mutter Erde. Man kann viel für sich und auch für den gesamten Planeten tun, wenn man mit der Erde und den Pflanzen einen intensiven Kontakt pflegt.

Die Arbeit mit Erde und Pflanzen harmonisiert und befreit uns von Negativität und dunklen Gedanken. Dabei kommt unser Geist automatisch in einen meditativen Zustand, der auch als Alphazustand bezeichnet wird. So wird der Mensch empfänglicher für die heilenden Schwingungen der Natur, während die Natur gleichzeitig in den Genuss der wohltuenden Energien des Menschen kommt.

Die positiven Wirkungen der Gartenarbeit wurden längst erkannt. Rund 400 Kliniken, Behindertenwerkstätten und Seniorenheime in Deutschland setzen heute auf »Gartentherapie«. Studien zeigen: Wer häufiger im Garten arbeitet, trainiert seine Geschicklichkeit, löst Muskelverspannungen, bringt das Herz-Kreislauf-System in Balance und nimmt dem Schmerz die Kraft. Der Stresspegel sinkt, Aufmerksamkeit und Konzentration nehmen zu.

Im Sommer verlagert sich das Leben teilweise auf die Terrasse und in den Garten, und so wird der Garten zu einer Verlängerung des Hauses. Dabei kann es von Vorteil sein, wenn man im Garten Grenzen errichtet (siehe unten), um die Energie zu erhöhen und zu bewahren. Die Grenzen helfen, uns vor neidischen Blicken und anderen negativen Einflüssen von außen zu schützen. Außerdem schaffen Sie so ein Biotop, in dem alles gut wächst und gedeiht – die hier lebenden Menschen eingeschlossen. Gleichzeitig helfen Sie Ihrem Hausgeist, für den feste Grenzen wichtig sind, sich selbst und das Haus vor destruktiven Geistern zu schützen.

Die Grenzen tragen überdies dazu bei, dass Garten und Haus in positiver Energie schwingen; so wird es für destruktive Einflüsse von außen wie die schwarze Magie und niedere Geister immun. Hoch schwingende Orte können von solchen negativen Strukturen nicht einmal erkannt werden.

Grenzen errichten

Grenzen können mithilfe von Steinen errichtet werden, welche zuerst bearbeitet werden müssen. Am besten sind hier Findlinge geeignet, die Sie selbst in der Natur sammeln können. Je nach der Form des Grundstücks brauchen Sie mindestens vier Steine, die nicht unbedingt sehr groß, aber Ihrem Gefühl nach die richtigen sein müssen.

Ein Grundstück ist selten ganz rechteckig, meistens ist es eher unregelmäßig geformt. Mit den Steinen soll nun ein Viereck gebildet werden. Denn ein Viereck wirkt harmonischer und damit stärker, als wenn die Grenze ungenaue Formen hat. Ist es nicht möglich, ein einziges Rechteck zu ziehen, so werden Extravierecke gelegt (siehe Abbildungen) welche dann als Verstärkung zur Hauptfläche wirken.

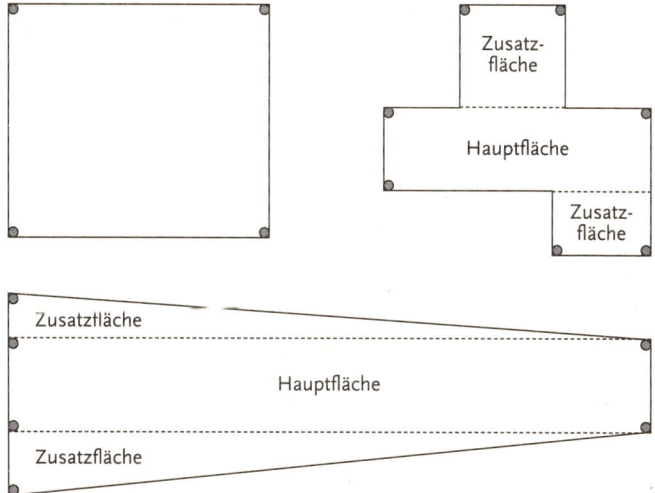

▶ Übung · Die Grenzsteine bearbeiten

Bevor die Steine auf ihren Platz gelegt werden, müssen sie zunächst bearbeitet werden, damit sie exakt die Aufgabe übernehmen, die Ihnen zugedacht ist: eben Grenzen zu bilden.

Waschen Sie die Steine etwa drei Minuten unter fließendem Wasser ab.

Nach Wunsch können Sie die Steine farbig bemalen und mit Schutzsymbolen versehen. (Kraftvolle Symbole finden Sie beispielsweise in den Büchern *Larimar – Das System der Symbolkräfte von Sirius B* oder *Antares – Freie Energien und Symbolkräfte*.) Symbole sind gebündelte und konzentrierte freie Energien, die für sich allein wirken; das heißt, sie sind in der Lage, Heilungsprozesse zu unterstützen oder unser Kraftpotenzial anzusprechen. Natürlich können Sie auch Ihre persönlichen Symbole oder Ihre Glückszahlen verwenden.

Stimmen Sie anschließend die Steine mit Klang ein. Dazu legen Sie diese in einen Raum und schalten eine harmonische und kraftvolle klassische oder meditative Musik ein. Die Steine werden dadurch positiv eingestimmt. Die so gespeicherte Energie bestimmt dann später die Qualität der eingerichteten Grenze, sodass sie von außen nur von solchen Energien durchdrungen werden kann, welche mit dieser Schwingung in Resonanz gehen; alle anderen bleiben draußen. Danach werden die Steine beräuchert.

Erklären Sie den Steinen laut, dass sie dazu ausgewählt wurden, die Gartengrenzen zu bilden. Bedanken Sie sich im Voraus für ihren Dienst.

Nach dieser Bearbeitung sollen die Steine mindestens neun Stunden im Haus ruhen. Rufen Sie laut den Hausgeist an, und verkünden Sie ihm, dass Sie vorhaben, Grenzen um den Garten zu errichten. Bitten Sie ihn um seine Unterstützung. Er selbst wird sich um die Mitwirkung der Gartengeister kümmern. Diese werden dann gemeinsam mit Ihnen die Grenzen errichten.

Bevor Sie nach der Ruhezeit fortfahren, kümmern Sie sich zunächst um Ihren Energiehaushalt. Machen Sie die im entsprechenden Kapitel ab Seite 176 beschriebenen Übungen. Danach verkünden Sie noch einmal laut Ihre Absicht und bedanken sich im Voraus bei Gott/Göttin und den Naturgeistern für ihre Führung und Unterstützung. Dann gehen Sie hinaus in den Garten und legen die Steine auf die Plätze, welche Sie vorher bestimmt haben. Stellen Sie sich danach in die Gartenmitte, und ziehen Sie im Geiste die energetischen Grenzen von Stein zu Stein um das gesamte Grundstück. Anschließend hüllen Sie den Garten und das Haus in eine große weiße Lichtkuppel ein. Entzünden Sie Räucherwerk Ihrer Wahl im Garten. Stecken Sie zum Beispiel Räucherstäbchen in die Erde, und zünden Sie dazu noch einige Gartenlichter an. Die Naturgeister lieben das! Stellen Sie ihnen außerdem etwas zu essen hin, etwa eine Schale mit Reis und Rosinen sowie ein Gläschen Wein oder Schnaps. Dann sagen Sie laut: »Liebe Gartengeister, das Essen ist für euch, und ich danke euch für eure Dienste!«

Teil 2

Heilung kommt von innen

Tu das, wozu du würdig wirst, glücklich zu sein.

Immanuel Kant

Medien-Magie

Ohne Lebensplan leben heißt vom Zufall
erwarten, ob er uns so glücklich machen werde,
wie wir es selbst nicht begreifen.

HEINRICH VON KLEIST

Nicht nur ein Mensch mit bösen Absichten kann eine Person verzaubern und sie dadurch von ihrem Lebensplan abbringen: Fernsehen, Radio, Zeitungen oder Internet können das ebenso. Man kann das als Medien-Magie bezeichnen. Wir sind jeden Tag mit ihr konfrontiert und lassen uns so verzaubern, dass wir unbewusst programmiert und manipuliert durchs Leben gehen.

Die ständig präsente Magie von Fernsehen, Radio und Zeitungen übt eine gewaltige Wirkung auf uns aus. Die meisten Menschen sind sich dessen gar nicht bewusst; sie merken es gar nicht. Es ist ihnen zur Gewohnheit geworden, sich verzaubern zu lassen und unfrei zu sein.

Fast jeder Mensch heutzutage besitzt ein oder sogar mehrere Fernsehgeräte, in die er gelegentlich bis regelmäßig schaut. Sehr viele Menschen sind sogar fernsehsüchtig; sie können sich ihr Leben ohne diesen Kasten gar nicht mehr vorstellen. Die Tagesordnung wird von den täglich laufenden Fernsehprogrammen bestimmt. Die Kinder verbringen viel zu viel Zeit vor der »Glotze«, was für ihre geistige und körperliche Gesundheit nicht gerade förderlich ist.

Jeder besitzt außerdem einen Radioempfänger zu Hause, im Job und natürlich im Auto. Manche Menschen lassen sich fast den ganzen Tag lang berieseln. Ist das der Fall, so kann es geschehen, dass man den größten Teil der Informationen unbewusst aufnimmt. Besonders während eintöniger Tätigkeiten, für die man nicht unbedingt einen wachen Verstand braucht – wie Putzen, Kochen oder Autofahren –, ist man eher entspannt und befindet sich in einem meditationsähnlichen Zustand, der auch als Alphazustand bezeichnet wird. Informationen werden nun in größerer Menge, aber unbewusst aufgenommen und gespeichert. Auf diese Weise kann man kaum klar unterscheiden, welche Informationen man wirklich braucht und welche sich vielleicht als schädlich erweisen. Man lässt sich praktisch hypnotisieren. Und so geschieht es, dass man anfängt, genau auf den empfangenen Frequenzen zu schwingen, und diese Schwingungen und die damit verbundene Energie können dann ganz leicht die Führung im Leben übernehmen. Das kann sogar dazu führen, dass man nicht mehr in der Lage ist, aktiv zu entscheiden, wie man sein eigenes Leben gestalten möchte.

Das alles soll nicht heißen, dass man ab sofort auf Fernsehen, Radio oder Internet ganz und gar verzichten muss – obwohl das manchmal für die Seele sehr befreiend sein

kann –, aber man sollte die Sendungen sehr achtsam aus-
wählen und bei den vermittelten Informationen ganz bewusst entscheiden, ob man sie brauchen kann oder nicht.

**Bei Kindern ist eine kluge Wahl des Fernsehprogramms be-
sonders wichtig. Auch muss es nicht sein, dass sie jeden Tag
fernsehen. Es gibt so viele schöne gewaltfreie Märchen auf
Video oder DVD, welche man zusammen mit der ganzen
Familie am Wochenende anschauen kann.**

Es gibt ein göttliches Gesetz – »Gleiches zieht Gleiches
an« –, demzufolge Sie das, worauf Sie Ihre Aufmerksamkeit
lenken, auch in Ihr Leben ziehen. Das bedeutet: Wenn Sie
sich mit schönen Dingen beschäftigen, so werden Sie auch
schöne Ereignisse anziehen; wenn Sie ihre Aufmerksamkeit auf negative Dinge lenken, dann wird Ihr gesamtes Erleben entsprechend geprägt sein. Nun ist es leider so, dass
viele Menschen ihre Aufmerksamkeit unbewusst auf irgendetwas lenken, wodurch ihre Gedanken und damit auch die
Ergebnisse ungewiss sind.

Medien können gewaltige Energien in Gang setzen, die
sich aufschaukeln und lebendige Strukturen bilden, welche
die Menschen in ihren Bann ziehen. Diese Strukturen be-
dienen sich Ihrer emotionalen Energien und werden dadurch immer größer und mächtiger, wodurch es immer
schwieriger wird, sich ihnen zu entziehen. Um diese zerstö-

rerischen Wirkungen zu vermeiden, gibt es nur einen Weg: sich dessen bewusst zu werden. Bewusstwerdung ist ein unverzichtbarer Prozess auf dem Weg zu Meisterschaft und Erleuchtung, denn nur er ermächtigt uns, unser Leben gezielt zu gestalten.

So möchte ich Ihnen im Folgenden eine Reihe von Beispielen geben, um anschaulich zu machen, mit welchen Energiekräften wir in unserem Leben konfrontiert sind, und welche Konsequenzen drohen, falls wir damit in Resonanz gehen.

Destruktive, sich aufschaukelnde Energien

Man kann einem Mann nichts abgewöhnen,
aber man kann ihm angewöhnen,
dass er sich etwas abgewöhnt.

CATHÉRINE DENEUVE

Es ist Ihnen bestimmt schon aufgefallen, dass es in den Medien mehr negative Nachrichten gibt als positive. Wenn ich U-Bahn fahre, schauen mich aus den ausgebreiteten Zeitungen als Erstes viele halbnackte Frauen und dann die Schlagzeilen an, die meistens Tod, Mord, Verbrechen, Affären, Lügen, Skandale oder Dramen verkünden. Die Schlagzeilen, wie das Wort uns so schön sagt, falls wir darauf ansprechen, treffen uns wie ein Hammer auf den Kopf. In diesem Moment gehen wir durch unsere emotionale Reaktion genau auf diese Schwingung ein und geben dem Ganzen unsere Energie. So findet ein Energieraub statt, welche unsere Aura beträchtlich schwächt und sich in seiner Wirkung von schwarzer Magie kaum unterscheidet. Indem wir »mitschwingen«, beginnt die Energie sich aufzuschaukeln, und je mehr Menschen sich darauf einschwingen, desto mehr gewinnt sie an Stärke. Ein Mensch gelangt aber durch sein Mitschwingen auf ungünstigere Lebensbahnen und entfernt sich dadurch von seinem eigentlichen Lebensplan.

Das gilt natürlich nur für destruktive Energien, denn diese rauben uns unsere Lebenskraft und öffnen uns für weitere Angriffe.

Beschäftigen wir uns hingegen mit liebevollen und aufbauenden Dingen, so sieht dieser Prozess auf energetischer Ebene ganz anders aus. Denn sobald wir selbst von unserer Liebe abgeben, indem wir sie bewusst auf etwas Erfreuliches richten, bekommen wir genau diese Energie zurückgespiegelt. Je mehr wir uns also mit der Liebe beschäftigen, je länger wir unsere Aufmerksamkeit bewusst auf positive Dinge lenken, desto mehr Energie gewinnen wir, denn Liebe ist das höchste Gefühl, welches uns mit dem Göttlichen verbindet.

Lebensbahnen

Jeder Mensch hat unzählige Lebensbahnen zur Auswahl; man könnte sie auch Lebensvarianten nennen. Es gibt davon so unendlich viele, wie es Sterne am Himmel gibt. Und irgendwo befindet sich eine Variante, die dem tatsächlichen Lebensplan der Seele entspricht. Wenn man sich auf dieser Lebensbahn befindet, fühlt man sich vollkommen, zufrieden und voller Liebe. In diesem Moment sind Geist, Seele und Körper miteinander in Einklang. Alles gelingt, und Wünsche gehen in Erfüllung. Nur wenige Menschen befinden sich auf solchen Lebensbahnen, und noch weniger Menschen können dort über längere

Zeit bleiben, weil die meisten von uns ihr Leben zum größten Teil unbewusst leben, ohne sich ihres Tuns und ihrer Reaktionen bewusst zu sein. Lebensbahnen kann man mit vielen verschiedenen Welten vergleichen. Jeder kreiert sich seine eigene Welt.

Alle denken, dass wir in einer gemeinsamen Welt leben, aber das ist nicht so, denn jeder lebt in der Welt, die er sich selbst erschafft. Alles, was um uns herum ist, haben wir also nur uns selbst, unseren eigenen Gedanken und daraus entstandenen Aktionen und Reaktionen zu verdanken.

Lebt man das Leben unbewusst, so gibt man sein Schicksal in die Hände anderer; man ist dann nicht mehr Herr im eigenen Haus. Und aus diesem Grund werden viele Menschen von den destruktiven Energiestrukturen – Medienmagie und schwarzer Magie, die in vielerlei Hinsicht einen ähnlichen Effekt auf Körper und Geist haben –, verzaubert und auf eine ungünstige Lebenslinie gelenkt, auf der das Leben sich wie ein Kampf anfühlt.

Im Bann der Medien
Sehen wir uns diese destruktiven, sich aufschaukelnden Energien genauer an. Charakteristisch für diese Strukturen ist, dass sie in aggressiver Art und Weise ihre Ziele verfolgen. So versuchen sie zum Beispiel ihre Gegner aus der

Welt zu schaffen, um weiter zu bestehen. Diese negativen Strukturen versuchen immer mehr Menschen in ihren Bann zu ziehen, um immer größer und mächtiger zu werden; und um dies zu erreichen, benutzen sie die Medien. Durch sie kann man Menschen sehr leicht verzaubern, weil die meisten blind allem vertrauen, was im Fernsehen, in der Zeitung oder im Radio gesagt oder gedruckt wird. Wie oft habe ich schon den folgenden Satz gehört, wenn es um ein bestimmtes Thema ging: »Sogar im Fernsehen haben sie es gezeigt!« Wenn es sogar im TV gezeigt wurde, dann muss man es wohl gar nicht mehr hinterfragen.

Menschen, die im Bann solcher sich aufschaukelnder negativer Strukturen stehen, merken in der Regel nicht, dass es gar nicht ihre Überzeugung ist, welche sie hier vertreten.

Auch wenn man Anhänger irgendeiner Organisation ist, sollte man sich fragen: Bin ich wirklich mit Herz und Seele dabei, oder werde ich nur mitgerissen? Natürlich sind nicht alle Organisationen automatisch destruktiv. Die dahinter stehenden Absichten bestimmten, auf welcher Frequenz die Energien schwingen.

Ein krasses Beispiel für destruktive, sich gegenseitig bekämpfende Energiegebilde sind unsere Politiker – ganz besonders vor den Wahlen. Wie sie sich gegenseitig angreifen und versuchen, sich gegenseitig bloßzustellen! Ihr einziges Ziel ist es, an die Macht zu kommen, koste es, was es wolle. Millionen von Menschen geben diesen negativen energetischen Strukturen »Futter«, lassen sich von irgendeiner von ihnen mitreißen und werden zu ihrem Energiespender.

Bewusst und neutral bleiben

»Was soll man denn machen?«, werden Sie sich fragen, »soll man denn ganz und gar auf die Medien verzichten?« Wenn Sie sich sehr leicht beeinflussen lassen, dann würde ich Ihnen das tatsächlich empfehlen – wenigstens für eine Weile, um wieder zu Kräften zu kommen. Sie müssen nicht ganz auf die Medien verzichten, um sich vor der Medien-Magie zu schützen, Sie müssen nur neutral bleiben. Das heißt, dass Sie keine Emotionen abgeben, dass Sie nicht dafür sind, aber auch nicht dagegen, sondern dass Sie bei sich sind – in Ihrer Mitte.

Neutral zu bleiben, ist allerdings eine Kunst, welche trainiert werden will. Eine Technik, die ich selbst benutze, wenn negative Informationen auf mich einströmen, ist eigentlich ganz einfach, man muss nur im entsprechenden Moment daran denken. Sagen Sie sich im Geiste: »Und ich bin im siebten Himmel, lalala … Da, wo ich bin, ist alles ganz wunderbar!«

Sie können natürlich auch einen Satz oder Reim Ihrer Wahl verwenden. Er darf ruhig ein wenig albern oder rosarot sein. Es geht hier einfach nur darum, die Dinge mit gesundem Abstand zu betrachten. Dann sagen Sie sich, dass das Negative auf Sie keine Wirkung hat. Von diesem Standpunkt aus können Sie immer noch entscheiden, ob und vor allem wie Sie auf eine schlechte Nachricht reagieren möchten. Wenn ich beispielsweise höre oder in den Nachrichten sehe, dass irgendwo auf der Welt etwas Schlimmes geschehen ist, schicke ich in Gedanken meine Liebe dorthin und wünsche mir von Herzen, dass den Betroffenen geholfen wird. Dann bete und bitte ich um Hilfe für diese betroffenen Menschen.

Wie destruktive Energiestrukturen Kraft gewinnen

Die destruktiven Energiestrukturen unterscheiden sich voneinander in ihrer Größe wie auch in der Macht, die sie auf die Menschen ausüben. Alle diese Strukturen können uns schaden, wenn wir uns ihrer Wirkung nicht bewusst sind. Sie ziehen uns in ihren Bann, um von unserer Energie zu leben.

Sehen Sie die Parallele zwischen Dämonen und destruktiven Energiestrukturen? Beide ernähren sich von unseren negativen Emotionen, und beide sind daran interessiert, dass diese auch weiterhin genährt werden. Ich bin davon überzeugt, dass die Dämonen bei der Entstehung und beim Aufrechterhalten solcher destruktiver Strukturen eine zentrale Rolle spielen. Und es sieht sogar so aus, dass diese

Strukturen sich ebenfalls zu eigenständigen energiehungrigen Wesenheiten entwickeln.

Nehmen wir als Beispiel für die Entstehung einer sich aufschaukelnden Energie den Krieg. Zuerst entsteht die Idee, einen Krieg zu beginnen. Was für ein Mensch kann so eine Idee haben? Ich denke, es sind Menschen, die in der Illusion gefangen sind, ein Problem könne nur mit Gewalt gelöst werden. Sie handeln aus Angst und nicht aus freiem Willen. Die Idee, Krieg zu führen, wird vielleicht zuerst einmal diskutiert. So fängt die Energie, die bisher nur eine Idee war, an zu schwingen, wodurch sie an Kraft gewinnt. Die Dämonen werden dadurch gieriger und mächtiger. Und um weiterzuexistieren, braucht eine destruktive Struktur immer mehr Energie. So erschafft sie sich Diener, welche sie ihrerseits unterstützt, solange sie ihr treu bleiben. Ist man für den Krieg, so füttert man diese Energiestruktur, ist man dagegen, füttert man sie ebenso. Wie genau geschieht das? Ich habe bereits erwähnt, dass Emotionen wie Angst, Wut oder Unzufriedenheit uns Energie rauben, die dann ein willkommenes Fressen für Energieparasiten ist.

Wenn wir uns mit aller Kraft gegen irgendeine Sache wehren und dagegen protestieren, erzeugen wir jede Menge negative Emotionen und gehen automatisch auf deren Schwingung ein, womit wir der Sache, gegen die wir sind, noch mehr Energie schenken.

169

Denken Sie an die Friedensdemonstrationen, wo Tausende von Menschen auf die Straßen gehen. Welche Emotionen herrschen da vor? »Wir wollen keinen Krieg!«; »Krieg – nein!« All das »füttert« in Wirklichkeit die Energie des Krieges. Die Zeitungen sind voll mit dem Thema, alle Programme im Fernsehen berichten darüber. Und wenn das Thema uns berührt, so schwingen wir uns ebenfalls auf diese Frequenz ein, und die Kriegsenergie wird mächtiger und mächtiger. Denn alle Aufmerksamkeit gilt dem Krieg.

Der einzige Ausweg aus diesem Dilemma besteht darin, unsere Aufmerksamkeit uneingeschränkt auf den Frieden zu lenken, also auf das eigentliche Ziel. Schenken Sie Ihre Energie nicht dem, was Sie nicht möchten, sondern dem, was wirklich Ihr Ziel ist!

Ein weiteres schönes Beispiel ist das Grippevirus. Man hört in den Radionachrichten darüber und denkt sich gleich: »Hoffentlich erwischt es mich nicht! Es scheint ein sehr starkes Virus zu sein, weil schon so viele Menschen krank geworden sind.« Dann sieht man noch einen Bericht im Fernsehen über diese Grippeepidemie, die bereits hunderte Menschen lahmgelegt hat. Außerdem schreiben alle Zeitungen darüber. Indem Sie sich darüber aufregen und Angst bekommen, schwingen Sie sich genau auf diese Frequenz ein und geben der Grippeepidemie-Energiestruktur Ihre Energie. Die Struktur schaukelt sich immer mehr auf und gewinnt dadurch an Kraft. Sie jedoch schwingen sich automatisch auf diejenige Lebensbahn ein, auf der man krank wird, und so werden Sie natürlich auch krank. Dies bestätigt die Realität, die Sie sich freiwillig selbst geschaffen haben: »Es ist ein starkes Grippevirus, darum hat es mich auch erwischt!«

Jeder Mensch erschafft nach seinem Glauben und seiner Überzeugung, aber auch nach unbewussten Programmierungen sein eigenes Lebensszenarium.

Ein letztes Beispiel, deren es noch unzählige weitere gäbe: Jeder kennt eine Energiestruktur in Form von Daily Soaps oder Telenovelas. Jeden Tag zur gleichen Zeit sitzen Millionen von Menschen vor dem Bildschirm und schenken ihre

Emotionen dieser sich aufschaukelnden Struktur. Solche Energien sind natürlich weniger destruktiv, solange man es nicht übertreibt. Man sollte sich dennoch nicht davon abhängig machen, denn jede Abhängigkeit bedeutet unfrei zu sein, was wiederum die Wesen anzieht, welche immer nur nach mehr verlangen.

Eine liebevolle Lösung finden

Um es noch einmal auf den Punkt zu bringen: Der einzige Weg, sich zu schützen, ist, sich der eigenen Emotionen bewusst zu werden. Sie tun sich selbst keinen Gefallen, wenn Sie sich aus dem Gleichgewicht bringen lassen, zum Beispiel indem Sie sich von jemand oder etwas Angst einjagen lassen, schockiert reagieren, sich Proteste entlocken oder ein schlechtes Gewissen einreden lassen, wie es oft durch die Medien geschieht. Werden Sie sich stattdessen bewusst, dass negative Emotionen Sie nicht nur für Besetzungen, sondern auch für Manipulationen der Medien-Magie offen machen. Denn solange wir nicht lernen, unsere Emotionen zu kontrollieren, und damit unser Leben selbst in die Hand zu nehmen, tun dies eben andere.

Manche therapeutische Methoden schwören darauf, Wut und Aggressionen »rauszulassen«. Man soll beispielsweise schreien und auf ein Kissen einschlagen, damit diese Emotionen nicht unterdrückt werden. Ich bin hingegen der Ansicht, dass man Aggressivität und andere negative Gefühle

nicht in die Welt entlassen sollte; es gibt schon genug Gewalt und Elend um uns herum. Man kann auch eine liebevolle Lösung finden, um niedere Emotionen abzubauen:
indem man sie zuerst erkennt, anerkennt, dann benennt
und sich entscheidet, sie zu transformieren, zum Beispiel
mit einem Gebet, einem Mantra oder einer dynamischen
Meditation.

Energiearbeit

Wir und alles um uns herum, sei es feste Materie oder nicht, besteht aus Energie. Alle Energien schwingen in ihrer eigenen Frequenz und sind doch miteinander verbunden. Jeder Mensch schwingt in seiner persönlichen Frequenz und zieht die Ereignisse, Menschen, Dinge und Wesen an, die zu ihm in Resonanz stehen, also auf seiner energetischen Wellenlänge schwingen.

Nun wurden wir Menschen von Gott mit einem freien Willen ausgestattet. Daher können wir selbst bestimmen, auf welcher Wellenlänge wir schwingen möchten, und diese auch auf die persönlichen Gegenstände und unsere Umgebung übertragen.

Um die Körperenergie und damit die eigene Schwingungsfrequenz zu erhöhen, können Sie Gebete, positive Gedanken, Meditationen oder aber bestimmte Übungen einsetzen.

Energiefluss und energetischer Schutzschild

Seelenruhe, Heiterkeit und Zufriedenheit
sind die Grundlagen allen Glücks,
aller Gesundheit und des langen Lebens.

CHRISTOPH WILHELM VON HUFELAND

Ich habe bereits mehrfach angedeutet, wie wichtig es ist, einen gut funktionierenden Energiefluss und einen starken energetischen Schutzschild zu haben. Jeder Mensch kann seinen eigenen Energiefluss überprüfen, aufbauen und dafür sorgen, dass er stabil bleibt.

Fühlen Sie sich bereits nach dem Aufstehen müde und ausgelaugt? Haben Sie keine Kraft und Lust, Ihren täglichen Pflichten nachzugehen? Möchten Sie am liebsten den ganzen Tag im Bett verbringen und sich von der Welt abschirmen? Sind Sie öfters krank oder neigen zu Depressionen? Wissen Sie nicht, was Sie in Ihrem Leben tun möchten, haben Sie keine Ziele? Dann ist Ihr Energiefluss in einem jämmerlichen Zustand. Doch wenn Sie mögen, können Sie etwas dagegen tun.

Energie ist überall im Überfluss vorhanden, wir brauchen sie niemandem zu stehlen. Energie ist universell, und jeder Mensch kann sie zu seinem Wohl nutzen. Man muss nur wissen, wie man sie in sich aufnimmt. Und dazu braucht man keine teure Ausbildung zu absolvieren, in der man irgendwelche besonderen Einweihungsrituale vermittelt bekommt, um die Energie des Universums nutzen zu können. Das ist viel schneller und einfacher zu erreichen. Für einen guten Energiehaushalt sorgt man bereits, indem man sich aufrichtet und lächelt.

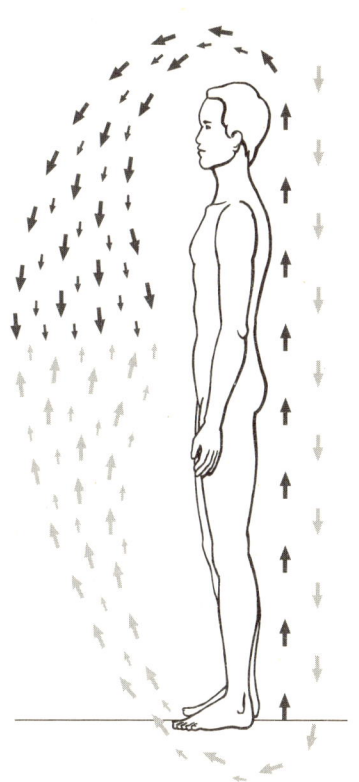

»Lachen und Lächeln sind Tor und Pforte, durch die viel Gutes in den Menschen hineinhuschen kann«, sagte schon Christian Morgenstern.

▶ ÜBUNG · ENERGIEKANÄLE

Die folgende Übung hilft Ihnen nicht nur, sich vital und gesund zu fühlen, sie steigert auch Ihre Kreativität und öffnet Ihnen den Zugang zu dem enormen Potenzial verborgener Kräfte und Fähigkeiten in Ihnen, sodass Sie Ihr Leben erfüllter und freudvoller gestalten können.

Stellen Sie sich aufrecht hin, und schließen Sie die Augen. Atmen Sie einige Male tief ein und aus, und lächeln Sie dabei. Atmen Sie dann ruhig weiter, und konzentrieren Sie sich etwa drei Minuten lang auf Ihren Atem. Stellen Sie sich vor, Sie haben zwei Energiekanäle: Der erste Kanal kommt von unten aus der Erde und verläuft entlang der Wirbelsäule nach oben. Der zweite Kanal kommt von oben aus dem Universum und verläuft parallel zum ersten, jedoch etwa einen Zentimeter von diesem entfernt außerhalb des Körpers nach unten (siehe Abbildung Seite 177).

Die beiden Kanäle, die den Körper entlang fließen, kreuzen oder berühren sich nicht; erst an den Enden (an Füßen und Scheitel), ergießen sie sich wie Fontänen zum Bauchnabel hin. Die Energien fließen gleichzeitig und ununterbrochen. Um es sich besser vorstellen zu können, konzentrieren Sie sich noch einmal auf Ihren Atem: Beim Einatmen fließt die Energie im ersten Kanal von unten nach oben und beim Ausatmen im zweiten Kanal von oben nach unten. Nun strömt die Energie in beiden Kanälen gleichzeitig. Visualisieren Sie dies so lange, bis Ihnen die Vorstellung leicht fällt.

Stellen Sie sich dann vor, dass der erste Kanal etwa zwanzig Zentimeter oberhalb des Kopfs eine Biegung macht: Die Energie wird hier wieder nach unten geleitet und ergießt sich wie eine Fontäne über Sie – ungefähr bis zum Bauchnabel. Der zweite Energiekanal biegt sich etwa zwanzig Zentimeter unterhalb der Füße nach oben; die Fontäne versprüht ihre Energie in umgekehrter Richtung und trifft auf Höhe des Bauchnabels mit der ersten zusammen. Die Energie sprudelt also vor dem Bauchnabel. Sie befinden sich in einem Energiekreis (siehe Abbildung).

Diese Übung können Sie mehrmals täglich, etwa ein bis drei Minuten lang, ausführen. Mit der Zeit, wenn Sie regelmäßig üben, vergrößern sich die Kanäle, sodass immer mehr Energie fließen kann und Sie sich dadurch immer lebendiger fühlen. Auch andere werden es unbewusst spüren und sich auf unerklärliche Weise von Ihnen angezogen fühlen.

▶ Übung · Energie von Erde und Sonne aufnehmen

Die folgende Übung schafft mehr Verbundenheit mit Mutter Erde, stärkt das Vertrauen in das Leben und aktiviert Ihre Fähigkeit, reine kosmische Energie zu empfangen.

Stellen Sie sich gerade hin, die Füße schulterbreit. Schließen Sie die Augen, und erspüren Sie den Boden unter Ihren Füßen. Beugen Sie sich hinunter, und berühren Sie den Boden auch mit den Händen.

Bedanken Sie sich bei der Mutter Erde für all das, was sie uns gibt und womit sie uns versorgt. Machen Sie dann mit den Händen eine Bewegung, als würden Sie Wasser schöpfen – und nehmen Sie so die Energie der Erde auf. Richten Sie sich dann wieder auf, und führen Sie die Hände zum Solarplexus. Stellen Sie sich intensiv vor, wie die Energien der Erde Ihren Körper erfüllen. Wiederholen Sie den gesamten Vorgang, bis

Sie das Gefühl haben, ausreichend Erdenergie aufgenommen zu haben.

Wenden Sie sich dann der Sonne zu, indem Sie sich auf die Zehenspitzen stellen und die Hände nach oben strecken. Bedanken Sie sich bei der Sonne für das Licht und die Wärme, die sie spendet. Stellen Sie sich intensiv vor, wie die goldene Energie der Sonne in Ihre Hände fließt. Führen Sie die Hände zum Solarplexus, und lassen Sie sie in Ihren Körper fließen. Wiederholen Sie dies, bis Sie ausreichend Sonnenenergie getankt haben und Ihr ganzer Körper davon erfüllt ist.

▶ ÜBUNG · OHRMUSCHELMASSAGE

Die folgende Übung bewirkt eine bessere Durchblutung der Körperorgane und sorgt insgesamt für einen erhöhten Energiefluss.

Die Ohrmuschel ist ein außergewöhnliches Organ. In ihrer Form gleicht sie dem menschlichen Embryo. Alle Geräusche, die wir aufnehmen, werden von ihr ins Ohrinnere und dann an das Gehirn weitergeleitet.

Außerdem ist die Ohrmuschel übersät von »biologischen Punkten« oder Akupunkturpunkten – zurzeit sind 170 bekannt. Die rechte Ohrmuschel steht für die rechten Körperorgane, die linke ist mit den Organen auf der linken Körperseite verbunden.

Und so massieren Sie Ihre Ohrmuscheln:

- Zählen Sie bei jedem Schritt bis fünfzehn, und lächeln Sie dabei.

- Massieren Sie die Ohrmuschel dann mit drei Fingern und Daumen von oben nach unten und von innen nach außen und wieder hinauf.
- Ziehen Sie die Ohren an den Ohrläppchen nach unten.
- Ziehen Sie die Ohren an den Außenkanten nach außen.
- Ziehen Sie sie zum Abschluss an der oberen Kante nach oben.

▶ ÜBUNG · THYMUSDRÜSE KLOPFEN

Die Thymusdrüse liegt in der Mitte der Brust, hinter dem oberen Teil des Brustbeins. Sie gilt in der Kinesiologie als Schaltzentrale der Lebensenergie. Indem Sie darauf klopfen, aktivieren Sie diese Vitalenergie und sorgen gleichzeitig für Entspannung. Sie werden es sofort spüren!

Klopfen Sie mit drei Fingern in der Mitte des Brustbeins – so lange, wie es sich gut anfühlt –, und lächeln Sie dabei.

▶ ÜBUNG · ÜBER KREUZ BEWEGEN

Indem sie die Zusammenarbeit beider Gehirnhälften fördert, verstärkt diese Übung Kreativität, Wachheit und Konzentration.

Ziehen Sie den rechten Ellbogen zum linken Knie, dann den linken Ellbogen zum rechten Knie – etwa 20-mal in einem angenehmen Rhythmus. Auch bei dieser Übung gilt: bitte lächeln!

▶ ÜBUNG · EINEN ENERGETISCHEN SCHUTZSCHILD AUFBAUEN

Es gibt Situationen, in denen man zusätzlich zu einem vitalen Energiefluss einen energetischen Schutzschild braucht, zum Beispiel beim Auflösen eines Fluches oder sonstigen Zaubers, beim Beseitigen schwerer Energien in Gebäuden und so weiter. Dabei können Sie sich in ein goldenes Energie-Ei hüllen und dieses Bild über die gesamte Zeit der Durchführung halten.

▶ ÜBUNG · DIE ACHT-SPIEGEL-METHODE

Wenn Sie zu den Menschen gehören, die leicht die Meinungen und Vorstellungen anderer übernehmen und sich schnell von Ihren eigenen Ideen und Wünschen abbringen lassen, so können Sie die folgende Acht-Spiegel-Methode ausprobieren. Sie hat sich besonders bewährt, wenn es darum geht, sich vor Manipulationen abzuschirmen.

Visualisieren Sie acht Spiegel, sechs rund um Ihren Körper, einen oben und einen unten. Alle Spiegel sollten dabei nach außen zeigen, damit die unerwünschte Energie reflektiert und zu ihrer Quelle zurücktransportiert wird.

Auch Gebete schützen

Auch mit Gebeten können Sie einen sehr starken energetischen Schutzschild aufbauen.

In einer Reihe von Experimenten wurde der Zustand der Finger-Aura der Probanden mittels Kirlian-Fotografie untersucht. Bei der Kirlian-Fotografie legt man seine Finger auf eine geladene Folie, welche sich in einer Dunkelkammer befindet, und eine Spezialkamera fotografiert die Rückseite der Folie.

An diesem Experiment nahmen Menschen verschiedenen Alters und beider Geschlechter teil. Zuerst wurde der Ausgangszustand der Finger-Aura fotografiert. Dann ließ man die Probanden jeweils ein Gebet gleichgültig vorlesen, was zu keiner nennenswerten Veränderung führte. Danach wurde das Gebet inbrünstig gesprochen, und das führte zu einer deutlichen Verstärkung der Aura, die nun einen strahlenden, geschlossenen Ring um jeden Finger bildete. Nach zweimaligem Wiederholen des Gebets dehnte sich die Aura weiter aus, sodass sich die Auraringe der einzelnen Finger überlappten. Manchmal bildete sich zusätzlich ein leuchtender Punkt zwischen den Finger-Auren, den man als Engel bezeichnete. Dabei spielte es keine Rolle, in welcher Sprache das Gebet vorgelesen wurde und welcher Religion es entstammte.

Ein junger Mann hatte nach dem Gebet eine besonders stark leuchtende Aura. Danach wurde er aufgefordert zu fluchen, was er auch tat. Die Flächen der Finger-Aura erschienen nun dünn, unregelmäßig und zerrissen.

Ein weiterer Mann, der nach dem Gebet eine starke und besonders intensiv leuchtende Aura aufwies, wurde gebeten, seine Frau zu beschimpfen. Nachdem er das getan hatte, verschwand seine Aura ganz, und an deren Stelle

bildete sich eine hässliche Struktur, die wie ein monströ-
ses Gesicht aussah. Dann wurde die Finger-Aura seiner
Frau fotografiert, die gerade das »Geschenk« ihres Mannes
erhalten hatte. Dabei wurde nicht nur eine unregelmäßig
zerrissene Auraform, sondern auch die Entstehung von
Strukturen beobachtet, die wie unregelmäßige Fetzen aussahen.

Die unterschiedlichen Einflüsse positiver und negativer
Gedanken auf die Aura sind also frappierend. Ebenso zeigt
dieses Experiment, wie leicht es ist, sich selbst und anderen
durch Gebete etwas Gutes zu tun, indem wir die Aura stärken und uns damit schützen.

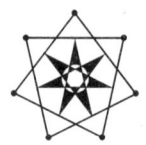

Die Macht der Gedanken

> *Die Menschen werden nicht hundert Jahre alt;*
> *trotzdem bereiten sie sich Sorgen für tausend Jahre.*

CHINESISCHE SPRUCHWEISHEIT

Gedanken und Worte sind gebündelte Energien, mit deren Hilfe wir unsere Realität erschaffen. Ständig erzeugen wir Bilder in unserem Kopf, die wir dann mit uns herumtragen. Diese Bilder haben Auswirkungen auf unseren Körper. Positive Bilder bewirken positive Ergebnisse, negative Bilder entsprechend negative.

Deshalb ist es wichtig, auf die Gedanken, die Bilder in uns erzeugen, zu achten, sie zu kontrollieren und sich durch diesen Prozess zu disziplinieren. Disziplin zu üben ist ein bedeutender Schritt auf dem Weg zu Meisterschaft und Erleuchtung.

Durch Disziplin lernen wir, unser Schicksal selbst in die Hand zu nehmen. Wir hören auf, uns als Opfer zu sehen und uns entsprechend zu verhalten.

Verändern wir unsere Gedanken, so folgt der Körper auf dem Fuße. Schöne, freundliche, positive Gedanken tragen in sich eine aufbauende Energie. Wir sollten deshalb unseren Geist darin trainieren, schöne Gedanken zu erzeugen –, und ihn effektiv einsetzen, um unsere Energie zu erhöhen.

Das hilft einen Zugang zur inneren Stimme aufzubauen, was uns wiederum mit dem höheren Selbst verbindet.

Natürlich fällt es einem oft schwer, die Gedanken ins Positive zu wenden, besonders dann, wenn man von negativen Gefühlen beherrscht oder wenn man müde und angespannt ist. Dennoch kann man sich auch in solchen Situationen fragen: »Bin ich mit meinen Gedanken und meinem jetzigen Zustand glücklich? Wie kann ich etwas verändern?« Jeder Mensch hat die freie Wahl und kann sich jederzeit entscheiden, seine Gedanken in eine neue Richtung zu lenken. Um das zu erreichen, müssen wir täglich unser göttliches Bewusstsein kultivieren und uns auf die Wellenlänge der Liebe einstimmen. Wir sollten alte, schädliche und überholte Verhaltensmuster, die uns kein Glück und keine Freude bringen, überprüfen und ins Positive verändern.

Wenn Sie das konsequent praktizieren, werden Sie bald feststellen, dass immer weniger Sie aus dem Ruhezustand bringen kann – aus dem Zustand von Liebe und Harmonie. Das passiert nicht sofort; aber im Lauf der Zeit, wenn Sie sich darin üben, ist es tatsächlich möglich. Das so entstehende Gefühl von immer währender Freude und Harmonie zieht dann wie ein Magnet immer mehr schöne und positive Ereignisse in Ihr Leben. Das ist kein Märchen, es ist die Realität von Menschen, die in einem neuen Bewusstsein leben.

»Das Glück im Leben hängt von den guten Gedanken ab, die man hat«, sagte Marc Aurel.

▶ Übung · Gedankenumkehrung

Die folgende Übung dient dazu, negative in positive Gedanken umzukehren. Um dauerhafte Resultate zu erzielen, sollten Sie sie möglichst regelmäßig praktizieren.

Stellen Sie sich einen Computer mit Bildschirm und Tastatur vor. Geben Sie nun das negative Bild dort hinein, welches Sie sich gerade ausgemalt haben – oder welches Sie sich häufig ausmalen. Schauen Sie das Bild kurz an, markieren Sie es – und löschen Sie es schließlich. Danach projizieren Sie ein positives Bild derselben Situation in Ihren Computer. Betrachten Sie es etwas länger, dann speichern Sie es unter »Mein neues Denken« ab.

Wann immer Ihnen ein schlechtes, ein negatives Bild kommt, löschen Sie es. Erschaffen Sie sich umgehend ein neues, welches Sie in Ihrem Ordner »Mein neues Denken« speichern. Sie können beliebig viele neue Ordner anlegen, genau wie bei einem Computer.

Diese Übung ist wirklich außerordentlich wirkungsvoll. Probieren Sie es aus!

> *Achte auf deine Gedanken,*
> *denn sie werden Worte,*
> *achte auf deine Worte,*
> *denn sie werden Handlungen,*

achte auf deine Handlungen,
denn Sie werden Gewohnheiten,
achte auf deine Gewohnheiten,
denn sie werden dein Charakter,
achte auf deinen Charakter,
denn er wird dein Schicksal.

AUS DEM TALMUD

Heilung kommt von innen

Wahre Heilung kommt von innen, denn wir Menschen sind eigentlich von Gott mit allem ausgestattet, was wir zum Leben brauchen – auch mit der Fähigkeit, uns selbst zu heilen. Wir können uns jeden Tag dafür entscheiden, gesund zu bleiben oder von einer Krankheit zu genesen. Indem wir vergeben, positiv denken, eine bedingungslose Liebe zu uns selbst entfalten und auf den Beistand der Engel vertrauen, schaffen wir die besten geistigen und emotionalen Bedingungen dafür. Natürlich hilft es auch, an uns selbst zu glauben – und an die Wunder, welche jeden Tag um uns herum geschehen.

Vergebung

> *Gott ist nahe, wo die Menschen*
> *einander Liebe zeigen.*
>
> JOHANN HEINRICH PESTALOZZI

Oft macht man sich selbst das Leben schwer, indem man sich vergangene schmerzhafte Ereignisse immer wieder in Erinnerung ruft. Wenn man nicht aufhören kann, sich darüber aufzuregen oder die andere beteiligte Person zu verurteilen, so erlebt man die zugefügten Schmerzen immer wieder. Viele Menschen tragen Groll und Unversöhnlichkeit jahrelang in sich und können sogar einem bereits Verstorbenen nicht vergeben. Selbst Menschen, die über die zerstörerische Kraft der Unversöhnlichkeit wissen, haben Schwierigkeit zu vergeben, weil sie oft versuchen, die Verletztheit mit dem Kopf zu überwinden. Doch nur im Kopf zu verzeihen, ohne den Schmerz zu heilen, macht nur hochmütig und verbittert! Man kann sich immer wieder klar machen, dass es eigentlich dumm ist, demjenigen gegenüber beleidigt zu sein, der uns eine Lebensaufgabe gezeigt hat. Aber solange wir mit unserer Verletztheit nur mental umgehen, lebt sie in unserem Herzen weiter und zerstört unsere geistige und emotionale Gesundheit.

Manchmal braucht man sehr lange, um überhaupt zu bemerken, dass man mit Groll und Unversöhnlichkeit vor allem sich selbst schadet.

Um zu vergeben, brauchen wir vor allem den Entschluss dazu. Ohne aufrichtige Bereitschaft kann keine Vergebung stattfinden. Denn zuerst muss man begreifen, dass man genau die Ereignisse im Leben anzieht, auf die man seine Energie richtet. Wenn man also an seiner Verletztheit und seiner Wut darüber festhält, dass man schlecht behandelt wird, zieht man automatisch weitere Verletzungen an.

Das verletzte innere Kind in den Arm nehmen

Der Entschluss zu vergeben steht also am Anfang, aber er reicht oft noch nicht aus, um auch wirklich vergeben zu können, da die Verletztheit geheilt werden will. Vielleicht muss man sich die Situation, welche verletzt hat, erst noch einmal gründlich ansehen und darüber »fertig« weinen oder wüten. Man kann sich selbst den Raum nehmen, sein verletztes inneres Kind liebevoll in die Arme zu nehmen, bis es seinen Schmerz ausgedrückt hat.

Danach kann man die Situation ganz anders sehen und auch gefühlsmäßig verzeihen. So steht es bei Matthäus 5, 44 geschrieben: »Ich aber sage euch: Liebt eure Feinde und bittet für die, die euch verfolgen.«

Suchen Sie sich, wenn es Ihnen allein schwer fällt, jemanden, der Ihnen zuhört, um sich die Sache »von der Seele« zu reden. Wenn Sie eine solche Person nicht kennen, können Sie Ihren Schutzengel um Hilfe bitten. Gebete sind hier auch sehr hilfreich.

Sie können sich auch an den Schutzengel desjenigen wenden, der Ihnen weh getan tat. Schreiben Sie seinem Schutzengel einen Beschwerdebrief, in dem Sie Ihren ganzen Schmerz ausdrücken. Probieren Sie es aus, es kann wirklich Wunder wirken!

Positives Denken

> *Über den ängstlichen Gedanken, was uns etwa*
> *morgen zustoßen könnte, verlieren wir das Heute,*
> *die Gegenwart und damit die Wirklichkeit.*
>
> HERMANN HESSE

Es gibt so viele Informationen über positives Denken, die Bücherregale sind voll davon. Viele dieser Bücher sind sehr gut; jeder sollte das eine oder andere davon gelesen haben. Denn dabei wird uns erst bewusst, dass wir Menschen in der Regel Negativdenker sind.

So werden wir erzogen, und so erziehen wir logischerweise auch unsere Kinder. Wir denken negativ und sprechen negative Sätze aus. Wenn irgendetwas in unserem Leben nicht nach unserem Plan oder unserer Vorstellung verläuft, bewerten wir das gleich negativ. Da wir diese Bewertung nicht hinterfragen, läuft es automatisch so weiter.

So denkt eine Mutter, wenn ihr Kind zu einer bestimmten Uhrzeit noch nicht zu Hause ist: »Oje, es ist bestimmt etwas passiert!« Gleich malt sie sich in den schrecklichsten Bildern aus, was passiert sein könnte. So denkt eine Frau, wenn ihr Mann sich verspätet hat: »Er hat eine Geliebte!« Und sie erzeugt in sich Bilder, auf denen ihr Gatte sie betrügt. So denkt ein Schüler oder ein Student, wenn er hört, dass viele durchgefallen sind: »Ich bestimmt auch!« Und er produziert Bilder in seinem Kopf, die zeigen, dass er durchgefallen ist.

Blaise Pascal sagte einmal: »Das Wetter und meine gute Laune haben wenig miteinander zu tun, ich habe meinen Nebel und Sonnenschein in meinem Inneren.«

Wie man seine Realität erschafft

Das negative Denken und die dazu passenden Bilder produzieren unangenehme Gefühle in unserem Körper, und dieser fängt an, in Resonanz zu den Gefühlen zu schwingen. Je länger man bei irgendeinem durch Negativdenken erzeugten Gefühl bleibt, desto mehr geht man mit ihm in Resonanz. Aufgrund dieser Schwingung wird man zu denjenigen Lebensbahnen befördert, auf denen solche Ereignisse auch möglich sind. Wenn es dann tatsächlich geschieht, wird man in seinen Befürchtungen auch noch bestätigt. Und mit diesem Gedanken-Bild-Gefühl-Szenarium manifestiert man seine tatsächliche Realität.

Einmal saß ich auf einem Kinderspielplatz und schaute meinem Sohn beim Spielen zu. Auf der Bank nebenan saß eine Mutter, die ihre Kinder ständig ermahnte und herumkommandierte. Als die Kinder auf einer Hängebrücke standen und sie in Bewegung brachten, schrie die Mutter: »Hört sofort auf zu schaukeln, sonst fallt ihr runter, und eure Köpfe werden mit dem Seil abgetrennt! Was glaubt ihr, wie viel Blut dann fließt und dann seid ihr tot?!« Das Mädchen rief: »Mama, wie kannst du so was sagen?« Ich war so schockiert über diese Frau, dass meine Reaktion darauf war, meinen Sohn zu rufen und gleich nach Hause zu gehen. Das war natürlich ein extremer Fall von negativem Denken, aber denken wir nicht alle immer wieder mal extrem negativ?

Um die ungünstigen Lebensbahnen zu vermeiden, sollte man sich täglich in positivem Denken üben. Das bedeutet die eigenen Gedanken zu kontrollieren und – wenn man sich dabei erwischt, wieder negativ zu denken – zu hinterfragen. Welchen Anlass habe ich, jetzt so zu denken? Sind das wirklich meine eigenen Gedanken, oder habe ich sie von irgendjemandem übernommen? Sind das Programmierungen, die mich zwingen, so zu denken? Wurde ich von einer negativen, sich aufschaukelnden Energiestruktur erwischt und schwinge nun in Resonanz dazu? Überprüfen Sie das!

Selbstkontrolle und Selbstbeobachtung

Hat man ein Problem, so kommt man leicht zu dem Punkt, an dem man denkt: »Das Leben ist schwer.« Es erscheint uns ganz passend und selbstverständlich. Diese

Art von Gedanken ist zu einer schlechten Gewohnheit geworden, welche man nicht einmal bemerkt. Das negative Denken wird täglich bestätigt, weil das Leben sich genau so anfühlt – denn wir haben es ja genau so programmiert.

Um diesen Teufelskreis zu beenden, muss man die hartnäckige Programmierung löschen. Das heißt, man muss als Erstes erkennen, dass man eine »Das Leben ist schwer«-Programmierung hat. Zweitens begreift man vielleicht, dass man diese von jemandem (Eltern, Partner, Medien) übernommen hat. Und drittens braucht man die Bereitschaft, diese Programmierung zu verändern – also sich selbst zu ändern. Und der vierte Schritt besteht darin, diese Programmierung zu löschen und durch eine neue zu ersetzen: »Das Leben ist leicht und macht Spaß.«

Dieser vierte Schritt ist in der Regel der springende Punkt, weshalb die positiven Sätze oft nichts bewirken. Denn wenn alte Überzeugungen und Programmierungen nicht gelöscht werden, können die neuen nicht greifen. Und um die alten negativen Glaubenssätze zu löschen, muss man sie zuerst erkennen.

Wie erkennt man negative Überzeugungen bei sich selbst? Durch Selbstkontrolle und Selbstbeobachtung: »Sei dir deiner Gedanken und deiner Worte bewusst!«

Gibt es in Ihrem Leben häufig wiederkehrende Gedanken und Sätze? Wie oft sagen wir etwas, ohne uns dessen bewusst zu sein. Nehmen wir das Wort »Scheiße«, das ich schon an anderer Stelle als Negativbeispiel genannt habe. Überlegen Sie einmal, wie oft Sie das Wort sagen und hören. Und dann wundert man sich, dass man Scheiße in jedem Aspekt seines Lebens erlebt: Sogar beim Spazierengehen steigt man in die Hundescheiße, und schon ist der Lieblingsspruch »So eine Scheiße!« wieder da. Wenn Sie sich dabei ertappen, wie Sie immer wieder die gleichen destruktiven Sätze aussprechen oder die gleichen destruktiven Gedanken denken, dann sagen Sie sich: »stop!« Dies ist bereits der erste Schritt in Richtung Veränderung zum Positiven.

Wie Sie auf Seite 182 f. bereits gelesen haben, zeigen Versuche mit Kirlian-Fotografie, dass die menschliche Aura beträchtlich geschwächt wird, wenn negative Ausdrücke verwendet und Beschimpfungen ausgesprochen werden. Also ziehen Sie damit nicht nur ungünstige Ereignisse in Ihr Leben, sondern Sie schaden auch noch Ihrer Gesundheit.

▶ ÜBUNG ·

SO VERÄNDERN SIE IHRE BEZIEHUNG ZUM GELD

Wenn es in Ihrem Leben finanziell einfach nicht bergauf gehen will, oder Sie zwar gut verdienen, das aber gar nicht genießen können, versuchen Sie es doch einmal mit der folgenden Übung.

Haben Sie vielleicht den weit verbreiteten Glaubenssatz bei sich entdeckt, der da heißt: »Geld macht nicht glücklich«? Es dürfte klar sein, dass man mit solch einer Programmierung entweder die Vorteile des Geldes nicht genießen kann oder erst gar nicht zu finanziellem Reichtum kommt. Lassen Sie in sich die Erkenntnis wachsen, wie diese Programmierung entstanden ist. Denken Sie ruhig etwas länger darüber nach. Es kann sein, dass Sie ein paar Tage oder sogar eine Woche dafür brauchen. Überlegen Sie auch, ob Sie vielleicht noch andere, ähnliche Ansichten über Geld hegen. Vielleicht erinnern Sie sich an Situationen in Ihrem Leben, in denen Sie diese Aussage von Ihren Eltern gehört haben. Oder stammt diese Programmierung von einem Freund, aus einem Buch oder Film? Wenn Sie das Gefühl haben, dass Sie den Erkenntnisprozess abgeschlossen haben, dann gehen Sie zum nächsten Schritt über: diese Überzeugung zu entfernen.

Beim Entfernen sagen Sie sich beispielsweise: »Ich habe die Programmierung in mir: ›Geld macht nicht glücklich‹, was dazu führt, dass ich nie genug Geld besitze. Diese Programmierung möchte ich nicht mehr haben. Ich entferne sie hiermit.« Sie können sich dazu – wie oben beschrieben – einen Computerbildschirm vorstellen, auf dem dieser Satz geschrieben steht. Löschen Sie ihn dann mit der »Entfernen«-Taste.

Programmieren Sie sich danach neu, zum Beispiel so: »Geld macht mich glücklich, ich liebe das Geld und das Geld liebt mich.« Schreiben Sie diesen neuen, positiven Glaubenssatz in Ihren inneren Computer, und speichern Sie ihn ab. Mit dieser neuen Programmierung schaffen Sie sich eine neue Realität, in der das Geld schneller in ihr Leben fließen kann.

Liebe

> *Gott bittet uns, ihn zu lieben, nicht weil*
> *er unsere Liebe zu ihm braucht, sondern weil*
> *wir unsere Liebe zu ihm brauchen.*

FRANZ WERFEL

Liebe ist das höchste und wahrste Gefühl des Universums. Gott ist die Liebe, und alles was ist, ist Gott. Und je mehr ein Mensch die Liebe in sich spürt, desto näher ist er bei Gott. Vollkommene Liebe zu empfinden ist für die Menschen das höchste Ziel.

Warum schreibe ich in diesem Buch, das von der Auflösung destruktiver Energien handelt, über die Liebe? Weil Liebe alles überwindet und alles auflöst. Raum und Zeit haben für die Liebe keine Bedeutung. Ich habe mehrmals erwähnt, dass die mächtigsten Flüche und Zauber aus Raum und Zeit hinausgeschleudert wurden, um sie vor der Auflösung zu bewahren. Liebe kennt jedoch keine Hindernisse, Liebe kann alles durchdringen; und sogar in den dunkelsten Seelen des Universums kann die Liebe etwas bewegen. Denn alle, wirklich alle Lebewesen – ob sie nun in einen Körper inkarniert sind oder nicht – sind dazu bestimmt, die Liebe und damit auch das Glück zu erfahren.

Ohne Liebe erscheint das Leben grau und unbedeutend. Jeder Mensch jeden Alters sehnt sich nach Liebe, solange er sie nicht gefunden hat. Und wenn man die Liebe nicht findet, so fühlt man sich unglücklich.

Doch versucht der Mensch, die Liebe im Außen zu finden, wird er niemals befriedigt sein, weil diese Liebe keinen festen Boden hat und nicht von Dauer ist. Von Dauer ist nur die Liebe, die man in sich selbst findet.

In der Praxis sieht es leider oft so aus, dass die Menschen große Schwierigkeiten haben, sich selbst von ganzem Herzen zu lieben – so wie sie sind. Ich bin immer wieder erstaunt, wie sehr sich manche Menschen ablehnen, sich verleugnen und zerstören. Wenn ich in meinen Seminaren das Thema »Eigenliebe« anspreche, gibt es oft Teilnehmer, die gleich sagen, dass sie mit diesem Quatsch überhaupt nichts anfangen können.

Interessanterweise haben Frauen insgesamt mehr Probleme damit als Männer. Und genau diese Frauen beklagen sich oft am meisten über ihren Mann – dass er so ein schlechter Mensch sei, dass er sie nicht liebe, ihr dies und das verweigere und außerdem fremdgehe etc. Wenn ich dann diese Frauen frage, wie sie erwarten können, dass sie geliebt werden, wo sie es doch selbst nicht tun, herrscht zunächst einmal Schweigen.

Liebe ist ein großes gesellschaftliches Problem, denn die meisten Menschen glauben, dass ihr Glück von anderen Menschen abhinge. »Wenn ich erst meine passende Hälfte gefunden habe, dann werde ich glücklich sein«, glauben viele. Und was passiert, wenn ich diese Hälfte in diesem Leben niemals finde? Bin ich dann nur ein halber Mensch, der grundsätzlich nicht glücklich sein kann? Sein Leben nach dieser Überzeugung zu leben, wäre doch eine schreckliche Verschwendung!

Wahre und dauerhafte Liebe kann man nur in sich selbst finden. Im Herzen des Menschen ist die Liebe verborgen, und dort muss er danach suchen. Wer diesen Schatz in sich gefunden hat, der ist wahrhaftig reich geworden. Die Eigenliebe macht uns stark und unverwundbar. Liebe ist der beste Schutzschild überhaupt.

Der erste Schritt auf dem Weg zu einem neuen, glücklichen Leben ist also die Erkenntnis, dass die Liebe nicht von außen kommt, sondern aus unserem Inneren. Wenn wir die Liebe in uns finden, dann können wir uns nicht nur damit heilen, sondern auch alle negativen Einwirkungen auf uns neutralisieren.

Erkennen Sie: Sie tragen die Liebe in sich! Nehmen Sie sich voll und ganz an; lieben Sie sich ohne Wenn und Aber. Und je mehr Sie sich selbst lieben, desto mehr Negatives können Sie damit in Ihrem Leben auflösen.

Wer Liebe in sich hat, der kann auch Liebe geben. Die negativen Gefühle unterscheiden sich insofern von der Liebe, als Negativität uns Energie raubt und Liebe uns Energie gibt. Je mehr Liebe wir aussenden, desto mehr bekommen wir zurück. Durch Liebe zu uns selbst bejahen wir das Göttliche in uns, und so sind wir nah bei Gott und spüren seine Gegenwart in unserem Leben. Mit dieser Energie sind wir sicher und beschützt in unserer eigenen, von uns erschaffenen Welt.

▶ **ÜBUNG · LERNEN SIE, SICH SELBST ZU LIEBEN**

Fangen Sie noch heute damit an, sich selbst zu sagen: »Ich liebe mich. Ich bin ein wertvoller Mensch. Ich bin ein Kind Gottes, und ich bin vollkommen. Ich liebe meinen wunderbaren Körper. Ich erkenne mich an, genau so, wie ich bin.« Stellen Sie sich vor den Spiegel, schauen Sie sich in die Augen, und sagen Sie sich diese Sätze immer wieder.

Vor dem Spiegel zu üben, bereitet den meisten Menschen Schwierigkeiten. Aber wenn Sie es jeden Tag ein paar Mal tun, wird es immer leichter. Und wissen Sie, was passiert? Irgendwann fängt Ihr Körper an, Ihnen Ihre Worte zu glauben. Sie werden immer jünger und strahlender aussehen und sich gesünder fühlen. Sie bekommen mehr Energie und werden sich nicht mehr schlapp und träge fühlen. Das Leben fängt an, richtig Spaß zu machen. Ihre Bekannten werden Ihren positiven Wandel bemerken und Sie darauf ansprechen: »Wie kommt es, dass du so gut aussiehst?« Das wird Sie anspornen, sich noch mehr zu lieben.

Wenn Sie diese Technik gut beherrschen, gehen Sie einen Schritt weiter. Beginnen Sie alles und alle um Sie herum zu lieben. Wenn Sie spazieren gehen, dann versuchen Sie die Umgebung mit liebenden Augen zu betrachten. Sagen Sie in Gedanken oder noch besser laut: »Ich liebe meine Stadt/mein Dorf, diesen Park, diesen Fluss ...«

Wenn Sie Menschen begegnen, sagen sie jedem von ihnen in Gedanken: »Ich liebe dich!« Ihre Augen werden diese unausgesprochenen Worte reflektieren; Ihr ganzer Körper wird mit ihnen in Resonanz gehen und die Person berühren, an die diese Worte gerichtet sind. Und Sie werden erfahren, dass die Menschen auch mit Liebe auf Sie reagieren. Probieren Sie es aus, und Sie werden ein wahres Wunder erleben!

Diesen Abschnitt möchte ich mit einem Gebet beschließen.

Aus dem Quell des Lichts im Denken Gottes
ströme Licht herab ins Menschendenken.
Es werde Licht auf Erden.
Aus dem Quell der Liebe im Herzen Gottes ströme
Liebe aus in alle Menschenherzen.
Möge Christus wieder kommen zur Erde.
Aus dem Zentrum, das den Willen Gottes kennt,
lenke planbeseelte Kraft die kleinen Menschenwillen
zu dem Endziel, dem die Meister wissend dienen.
Möge Liebe und Licht und Kraft den Plan auf
Erden wiederherstellen.

Om Shanti Amen

Gesetze des Universums

> *Wandle deine Gedanken in Bilder um,*
> *und mach sie lebendig, statte sie mit Gefühlen*
> *aus und lass sie frei sein wie der Gebirgsadler.*
> *Dann werden sie fliegen, wohin du willst,*
> *ohne Rücksicht auf Zeit und Entfernung.*
>
> INDIANISCHE WEISHEIT

In diesem Buch sprach ich mehrfach über die Gesetze des Universums. Das sind die Gesetze der Natur Gottes, die unser Leben gestalten, ob wir uns dessen bewusst sind oder nicht. Das Thema ist so komplex, dass ich hier nicht ins Detail gehen möchte. Dennoch finde ich es wichtig, Ihnen wenigstens eine kurze Beschreibung der wichtigsten Gesetze zu geben. Ich habe diejenigen gewählt, welche auch zuvor erwähnt wurden; natürlich gibt es noch einige mehr.

Wenn Sie sich eingehender mit den Gesetzen des Universums befassen möchten, so empfehle ich Ihnen die Bücher *Gott und die Götter* und *Unsichtbare Welten* von Armin Risi.

Das Gesetz der Resonanz

Der Begriff »Resonanz« kommt aus dem Lateinischen und bedeutet so viel wie »zurück-klingen«. Was wir aussenden, kommt auch wieder zu uns zurück. Oder anders gesagt: Deine Umwelt ist ein Spiegel deiner selbst.

Wir ziehen in unserem Leben diejenigen Dinge, Situationen und Menschen an, mit welchen wir in Resonanz stehen, mit denen wir auf gleicher Frequenz schwingen. Unsere Umwelt wird uns also immer nur das präsentieren, was wir selbst ausstrahlen. Ist ein Mensch zum Beispiel aggressiv und hasserfüllt, so wird er genau das ernten – und für die Liebe kaum empfänglich sein. Betrügt man, so wird man betrogen werden. Ist man ängstlich, dann wird man immer wieder mit seiner Angst konfrontiert. Lebt man Liebe und Freude, so zieht man Ereignisse an, welche Liebe und Freude mit sich bringen.

Um dieses Gesetz zu veranschaulichen, stellen Sie sich vor, Sie befinden sich in einem Haus (das symbolisch das Leben repräsentiert). Alle Wände, Decken und Böden bestehen aus Spiegeln. Langsam bewegen Sie sich von Raum zu Raum, und überall, wo Sie hinblicken, sehen Sie Ihr eigenes Spiegelbild. Lächeln Sie, so lächeln gleichzeitig alle Spiegelbilder; machen Sie ein unzufriedenes Gesicht, so bekommen Sie nur Unzufriedenheit zurückgespiegelt.

Das Gesetz der Analogie – Hermetisches Gesetz

> *»Was unten ist, gleicht dem, was oben ist,*
> *und was oben ist, gleicht dem, was unten ist,*
> *damit die Wunder des Einen sich vollziehen.*
> *Und so wie alle Dinge aus dem Einen geworden*
> *sind durch eine Mittlerschaft, so sind sie alle*
> *aus diesem Einen geboren, durch Übertragung.«*
>
> HERMES TRISMEGISTOS

Man kann das »Unten« und das »Oben« auf den Mikro- und den Makrokosmos des materiellen Universums beziehen. »Was unten ist, gleicht dem, was oben ist, und was oben ist, gleicht dem, was unten ist« bedeutet dann, dass Mikro- und Makrokosmos zusammenhängen und sich gegenseitig ergänzen.

Diese Interpretation gibt uns zu verstehen, dass im Kosmos alle Formen miteinander in Verbindung stehen. Der Makrokosmos zeichnet sich im Mikrokosmos ab, und der Mikrokosmos lässt Rückschlüsse auf den Makrokosmos zu. So offenbart das kosmische Analogiegesetz die wahre Natur der materiellen Schöpfung. Alles in unserem Universum hat eine Verbindung zu Gott, und Gott zeigt sich in allen Formen des Universums. So können wir Gott überall erkennen: beispielsweise im Wachsen eines Lebewesens, im eigenen Schicksal und in jedem Ereignis des Lebens.

Das Kausalitätsgesetz – Das Gesetz des Karma

Karma ist ein Begriff aus dem Sanskrit und bedeutet so viel wie »Handlung« oder, wörtlich übersetzt, »das, was bewirkt ist und bewirkt«. Jede Handlung ist eine Gesamtheit von Aktion und Reaktion, das heißt, dass jede ausgesandte Energie etwas auslöst, denn die Energie geht nie verloren.

Man nennt dieses Gesetz auch das Gesetz des Ausgleichs. Es beruht darauf, dass wir Menschen durch das lernen, was wir anderen Lebewesen angetan haben und zu einem späteren Zeitpunkt wieder zurückbekommen. Das bedeutet auch, dass das Leben eines Menschen die Folge seiner Handlungen in früheren Leben ist, genauso wie seine Taten im jetzigen Leben die Ursache für die Umstände seines späteren Lebens sind.

Aus der Perspektive des Karma wird alles, was in der Welt geschieht, sinnvoll und logisch. Denn es besagt, dass jeder Gedanke, jedes Gefühl und jede Tat unauslöschlich ist und wie ein Bumerang zu uns zurückkommt. Dann sind schlechte Erfahrungen keine Bestrafung Gottes, sondern dienen der seelischen Reifung und dem Selbstwerdungsprozess durch Erfahrung und Erkenntnis.

Das Gesetz des Karma sorgt dafür, dass der Mensch immer wieder mit dem gleichen Problem konfrontiert wird, bis er es durch sein Handeln löst.

Das Gesetz fordert von uns, die volle Verantwortung für unser Schicksal zu übernehmen.

Das Gesetz des freien Willens

Noch bevor wir auf die Welt kommen, wird durch die höhere geistige Welt und auch durch uns selbst festgelegt, wer und wie wir als Mensch sein werden. Wir werden in die Familie und die Umgebung hineingeboren, welche das höchste Potenzial für spirituelles Wachstum bereithalten. Und wir bekommen auch einen freien Willen geschenkt, der uns immer wieder neu entscheiden lässt, welchen Weg wir einschlagen möchten. Jeder einzelne Atemzug enthält somit die Chance, eine neue Wahl zu treffen, auf welcher Seite wir weiterspielen möchten, welche Emotionen, Gewohnheiten, Verhaltensmuster wir zu behalten oder abzulegen gedenken. So können wir uns auch jederzeit dafür entscheiden, uns von destruktiven Gewohnheiten zu befreien und die Eigenschaft des Gebens zu kultivieren.

Engel

Engel helfen uns, unsere Kräfte zu sammeln
und unsere Mauern einzureißen.
Sie zeigen uns die Sicherheit und Freiheit,
die uns von Natur aus zu eigen ist, wenn wir uns
mit unserem höheren engelhaften Wesen im
Einklang befinden, und sie zeigen uns auch,
dass wir, wenn wir uns für die Liebe entscheiden,
nie einen falschen Schritt tun können.

KAREN GOLDMAN

Schon mehrfach habe ich die Engel erwähnt, denn sie begleiten mich im Alltag und bei meiner Arbeit. Es gibt sehr viele schöne Bücher über die Helfer Gottes. Falls Sie sich bis jetzt mit diesem Thema noch nicht viel beschäftigt haben, empfehle ich Ihnen wärmstens, es zu tun.

Den Kontakt mit Engeln herzustellen, ist sehr einfach. Dazu muss man sie nur rufen oder sie sich bildlich vorstellen. Die Engel achten unseren freien Willen, weshalb sie nicht in unser Leben eingreifen dürfen, ohne dass wir sie darum bitten. Meistens warten sie sehr geduldig darauf, von uns gerufen zu werden.

Sie können mit den Engeln über alles sprechen, was Sie belastet oder bewegt. Sie können mit ihnen genauso reden wie mit einem guten Freund. Sie können das laut oder in Gedanken tun. Rufen Sie die Engel an, und bitten Sie sie, Ihnen beizustehen. Öffnen Sie sich für ihre Hilfe, und nehmen Sie sie dann dankbar an.

Bitten Sie die Engel, Sie zu beschützen. Bitten Sie sie auch für Ihre Kinder und Angehörigen um Beistand. »Bittet und es wird euch gegeben«, so steht es in der Bibel. Sie können sich an Ihren Schutzengel oder andere zur aktuellen Situation passende Engel wenden.

Denken Sie einfach mehr an die Engel. Damit lassen Sie sie immer mehr in Ihren Alltag ein.

Die Engel stehen an unserer Seite und können uns auch bei den kleinen Dingen helfen: bei der Arbeit, beim Autofahren, beim Einkaufen und Putzen oder während der Freizeit. Rufen Sie die Engel, so wird Ihr Alltag mit mehr Liebe und Harmonie erfüllt.

Die Engel leben in einer Hierarchie und haben verschiedene Aufgaben. Die Erzengel stehen oben in der Hierarchie, und Sie können sie gezielt anrufen, je nachdem in welchem Lebensbereich Sie gerade Unterstützung brauchen.

Uriel – »Das Feuer Gottes«

Uriel bringt kosmische Ordnung und hilft dabei, friedliche Lösungen bei persönlichen oder beruflichen Konflikten zu finden. Uriel unterstützt Menschen in Sozialberufen und auch alle anderen, die im Dienste der Menschen arbeiten.

Ich selbst rufe Uriel immer dann an, wenn ich ein Seminar vorbereite und leite, aber auch, wenn ich ein Haus in Ordnung bringe; denn Uriel hilft auch, Störzonen zu entschärfen. Seine Farben sind Rot und Orange.

Raphael – »Medizin Gottes«

An Raphael können Sie sich wenden, wenn Sie nach Heilung suchen. Er hilft auch, negative Gedankenmuster aufzuspüren und verwirrtes Denken zu klären. Raphael unterstützt uns darin, uns mit einem Menschen wieder zu versöhnen. Seine Farbe ist Grün.

Jophiel – »Schönheit Gottes«

Der Erzengel Jophiel unterstützt uns bei der Selbstverwirklichung. Er hilft bei der Computerarbeit, ebenso bei der Vorbereitung und beim Bestehen von Prüfungen. Mit Jophiel bekommen Sie einen besseren Zugang zu Ihren höheren Seins- und Bewusstseinsanteilen. Auch wenn Sie nach mehr Beständigkeit im Leben suchen, können Sie sich getrost an ihn wenden. Seine Farbe ist Gold.

Michael – »Ist wie Gott«

Michael hilft, uns von Angst und Selbstzweifeln zu befreien; er beschützt uns vor materiellen und spirituellen Gefahren, vor Unfall und Diebstahl, vor körperlichen und psychischen Angriffen. Michael können Sie anrufen, wenn Sie die Wohnung energetisch reinigen, ebenso bei der Austreibung von Dämonen. Seine Hauptfarbe ist Blau.

Chamuel – »Gott sieht«

Chamuel hilft uns, einen neuen Job zu finden, ebenso wie bei der Suche nach verlorenen Gegenständen. Er unterstützt uns außerdem dabei, neue Freundschaften und Beziehungen aufzubauen. Seine Farbe ist Rosa bis Lachs-Orange.

Gabriel – »Gottes Kraft«

Erzengel Gabriel steht uns zur Seite, wenn wir eine Idee in die Tat umsetzen; gleichzeitig hilft er uns, in unserem Leben Ordnung und Disziplin zu schaffen. Auch wenn wir ein gemütliches Zuhause schaffen oder einen Lebenspartner finden möchten, können wir uns vertrauensvoll an Gabriel wenden. Wenn Sie Probleme haben, sich und anderen zu vergeben, dann bitten Sie Gabriel um seinen Beistand. Seine Farbe ist Weiß.

Zadkiel – »Rechtschaffenheit Gottes«

Zadkiel unterstützt die Naturgeister, damit Pflanzen, Tiere und Steine sich in vollkommener Harmonie entfalten können. Ich rufe den Erzengel Zadkiel immer dann, wenn ich

Schwierigkeiten mit einer Tierseele oder mit Naturgeistern habe. Zadkiel verhilft auch zu mehr Toleranz, Diplomatie und Inspiration. Seine Hauptfarbe ist Violett.

Mein Haus schmücke ich gern – nicht nur zur Weihnachtszeit – mit Engeln. Denn das, worauf wir unsere Aufmerksamkeit lenken, ziehen wir auch in unser Leben. Die Engel können uns zu mehr Ruhe, Harmonie und mehr Liebe in unserem Alltag verhelfen. Sie sind unsere schützenden Begleiter, welche uns unser ganzes Leben lang beistehen. Je mehr wir an die Engel denken und uns mit ihnen befassen, desto stärker wird unsere Verbindung zu ihnen.

Zum Abschluss wünsche ich Ihnen mehr Engel, mehr Freude und mehr Liebe in Ihrem Leben. Lenken Sie Ihre Aufmerksamkeit auf die schönen Dinge – und Sie werden Ausgleich, Frieden und Harmonie anziehen. Seien Sie offen für die Wunder der Welt. Erlauben Sie sich das Privileg, im Leben nur das Beste zu bekommen.

Ich wünsche Ihnen alles Gute – und vor allem viel Liebe!

Anhang

Literaturverzeichnis

Becvar, Dr. Wolfgang: *Ingmar. Das System der Symbolkräfte von Aldebaran*, Antasira, 2002

Becvar, Dr. Wolfgang: *Larimar. Das System der Symbolkräfte von Sirius B*, Antasira, 2002

Coelho, Paulo: *Der Dämon und Fräulein Prym*, Diogenes, 2003

Deutsch, Christel K.: *Gespräche mit der Göttin*, Sirius, 2005

Engel Metathron und Christine Sautter: *Dein Engel und Du*, Falk, 1988

Grün, Anselm: *Engel für das Leben*, Herder, 2004

Haller, Ursula: *Mit dem Bauchgehirn zum Erfolg*, 2003

Hellivell, Tanis: *Elfensommer*, 1997

Hicks, Esther und Jerry: *Sarah und die Eule*, Ansata, 1998

Holey, Jan Udo: *Die Kinder des neuen Jahrtausends*, Ama Deus, 2002

Jordan, Harald: *Räume der Kraft schaffen*, AT-Verlag, 1997

Klinghardt, Dr. med. Dietrich: *Lehrbuch der Psycho-Kinesiologie*, Institut für Neurobiologie, 1998

Köppler, Paul H.: *Auf den Spuren des Buddhas. Die schönsten Legenden aus seinem Leben*, O.W. Barth, 2001

Minatti, Ava: *Die Kinder der Neuen Zeit – Strahlende Funken des Lichts*, Smaragd, 2001

Neuner, Mag. Werner: *Antares. Freie Energien und Symbolkräfte*, Antasira, 2002

Neuner, Mag. Werner: *Kordulah. Die kosmischen Kristallmandalas,*
   Antasira, 2003

Risi, Armin: *Gott und die Götter,* Govinda-Verlag, 1992

Risi, Armin: *Unsichtbare Welten,* Govinda-Verlag, 1998

Schneider, Petra und Gerhard K. Pieroht: *Engel begleiten uns,*
   Windpferd, 2001

Schuhmacher, Dr. Guido: *Die tieferen Ursachen des*
   Krankheitsgeschehens, Schuhma-Verlag, 1997 (zu beziehen
   über www.Schuhma-Verlag.de)

Silva, José und Robert B. Stone: *Der Heiler in dir,* Goldmann,
   1990

Walsch, Neale Donald: *Gespräche mit Gott,* Band 1–3, Goldmann,
   1997

Dank

Zuallererst möchte ich mich bei meiner Familie bedanken – für das Verständnis und die Geduld, die sie mir in der Zeit der Arbeit an diesem Buch entgegenbrachten. Ein besonders großer Dank geht an meinen Partner, der mir immer zur Seite gestanden hat. Ebenso an meine Mutter, die vom ersten Tag des Schreibens an mich glaubte. Auch danke ich meiner Freundin Anna-Christine Rassmann, die die Texte korrigierte und mich beriet. Ebenso meinen Freunden Ernestine Schäftlmeier, Doris Glatt und Peter Fischer sowie Christine Maas.

Ganz besonders aber möchte ich mich bei der geistigen Welt bedanken – an erster Stelle bei den Engeln, die mich auf diesen Weg brachten. Bei der Göttin, die mir diese Engel gesandt hat, für ihre Güte, dass sie meine Gebete erhörte. Danke, große Mutter Göttin!

Außerdem möchte ich mich bei meinem Hausgeist Puaero-Min bedanken, der mir bei vielen Fragen mit Rat zur Seite stand, und es mir ermöglichte, das Kapitel über die Hausgeister zu schreiben. Auch der heiligen Klara gilt mein Dank, zu der ich regelmäßig betete.

Licht und Liebe sei mit euch!

Aura-Energie: Eine unerschöpfliche Quelle heilender Kraft

Nina Dul
Aura-Therapie

224 Seiten
ISBN 978-3-453-70110-6

HEYNE ‹